Römertopf

GU Rezept-Wegweiser 2
Überblick über die Rezepte des Buches mit ihren wichtigsten Eigenschaften.

Vor allem Gemüse 4
Formen und Größen des Römertopfs 4
Praktische Hinweise und Tips für die Benutzung 5
Rezepte 6–19

Saftig und zart: Fisch 20
Gesunde Fischküche 20
Die richtige Reinigung des Römertopfs 20
Rezepte 22–29

Fleisch mit Tiefgang 30
Garzeiten 30
Richtiges Garen im Backofen 30
Rezepte 32–53

Süßer Genuß 54
Historisches zum Römertopf 54
Kleine Backformen 55
Rezepte 56–61

Register 62
Impressum 62
Abkürzungen 64
Gasherd-Temperaturen 64

Rezept	Seite	Kalorien/Portion	Gelingt leicht	Spezialität	Braucht etwas Zeit	Für Gäste	Kalorienarm	Vegetarisch	Gut vorzubereiten	Preiswert
Bunter Gemüsetopf	6	227	●				●	●		
Gemüse-Fleisch-Auflauf	7	509	●							●
Römertopf provençal	8	480	●	●	●	●			●	
Gefüllte Paprikaschoten	10	413	●	●		●				
Gefüllte Kohlrabi	11	257	●		●		●			●
Sauerkraut mit Ananas	12	137	●				●	●	●	
Sauerkrautsuppe	14	339	●				●		●	
Sauerkraut-Fisch-Auflauf	14	440	●						●	
Sauerkrauttopf	15	515			●					
Szegediner Gulasch	15	328		●	●		●		●	●
Rosenkohlauflauf	16	530	●						●	
Gemüse-Nudel-Auflauf	17	586	●					●		●
Hähnchenkeulen mit Gemüse	18	252	●			●	●			
Würzige Pellkartoffeln mit Kräuterquark	19	344	●			●		●		
Fisch-Gemüse-Auflauf	22	733			●	●				
Fischeintopf	22	371	●			●	●			●
Seelachsröllchen	24	597	●	●		●				
Forellen in Riesling	26	435	●	●		●				
Saiblinge in Estragonrahm	27	424	●			●				
Exotisches Fischfilet	28	279	●	●		●	●			
Fischcurry	28	341	●	●		●	●			●
Champignonhähnchen	32	473	●	●		●				
Scharfes Knoblauchhähnchen	33	590		●	●					

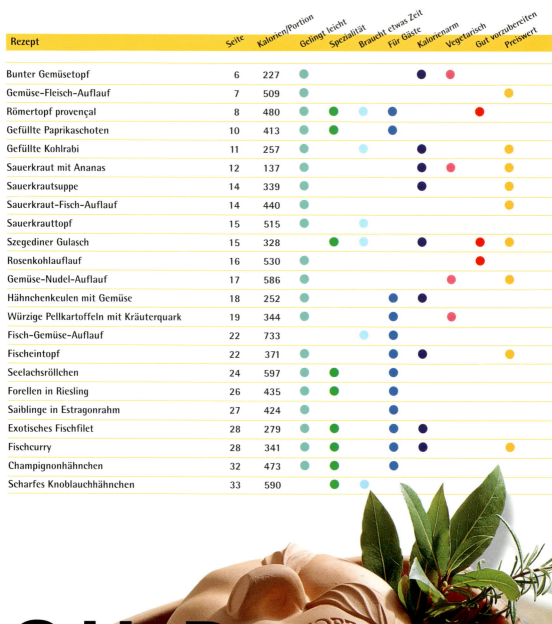

GU Rezept-

Rezept	Seite	Kalorien/Portion	Gelingt leicht	Spezialität	Braucht etwas Zeit	Für Gäste	Kalorienarm	Vegetarisch	Gut vorzubereiten	Preiswert
Normannisches Hähnchen	34	587	●	●	●					
Gefüllte Putenröllchen	36	892	●			●				
Truthahn-Rollbraten	36	494	●			●				
Pute unter der Haube	38	752		●	●	●				
Pikanter Hackbraten	40	553	●							●
Rahm-Krautwickerl	40	346	●	●	●			●		●
Lammkeule	42	685		●		●				
Schweinebraten mit Kruste	44	793	●	●						
Geschmorte Kalbshaxen	45	752	●			●				
Bohnen-Fleischtopf	46	682	●		●					
Lammragout	47	493	●	●		●			●	
Kaninchen in Rotwein	48	455		●	●	●				
Wildschweinragout	50	716			●	●				
Rehbraten mit Pilzen	50	916			●	●				
Fasan in Portwein	52	693		●		●				
Süß-saure Wildente	53	373		●	●	●	●			
Gefüllte Bratäpfel	56	211	●			●	●			●
Quarkauflauf mit Sauerkirschen	57	798	●	●	●	●		●		
Apfelreis	58	468	●	●				●		●
Apfel-Quark-Auflauf	58	664	●					●		●
Apple-Pie	59	689		●		●		●		
Scheiterhaufen	59	693	●					●		●
Zwetschgenauflauf	60	483			●	●		●		

Wegweiser

Vor allem Gemüse

Vor allem für Gemüse – solo und in Begleitung – ist der Römertopf geradezu ideal. Durch das sanfte und schonende Garen im Tontopf bleiben Vitamine und Nährstoffe weitgehend erhalten. Für Kochgenüsse ohne Fleisch, die fettarme Diätküche oder einfach um möglichst gesund und kalorienarm zu kochen, sollten Sie so oft wie möglich zum Tontopf greifen. Da nahezu alles im eigenen Saft gegart wird, geht kein bißchen an Aroma und Farbe verloren, das Gemüse bleibt ansehnlich und der Saft ist eine ideale Saucengrundlage. Im Römertopf kann nichts anbrennen, Sie brauchen zwischendurch nicht umrühren, nichts läuft über oder spritzt umher. Und während es im Ofen beruhigend schmurgelt, können Sie unbesorgt aus der Küche verschwinden.

ton werden die verschiedensten Modelle angeboten:

Klassischer Römertopf
für 2–4 Personen, darin können bis 1,5 kg (Geflügel, Fleisch oder andere Gerichte) gegart werden.

Standard-Modell
für 2–6 Personen, darin haben bis zu 2,5 kg Inhalt Platz.

Großer Römertopf
für 6–8 Personen, darin haben Pute, Gans oder Wild bis zu 5 kg Platz.

Maxi-Römertopf
für 8–12 Personen, ebenfalls für große Fleischstücke bis zu 8 kg.

Alles über die richtige Form

Römertöpfe gibt es in allen Größen und Formen in Küchenfachgeschäften oder Haushaltswarenabteilungen großer Kaufhäuser. Aus reinem Natur-

Vor allem Gemüse

Spezialtöpfe

Außerdem gibt es noch besondere Römertöpfe speziell für:
<u>Geflügel</u> bis zu 2,5 kg,
<u>Auflauf-Formen</u> für herzhafte oder süße Aufläufe,
<u>Bratapfel-Formen</u> für kleine Einzelportionen und
<u>Fisch-Römertöpfe</u> in verschiedenen Größen.

Die Formen haben am Boden sogenannte Bratstege, die ermöglichen, daß während des Garens ohne zusätzliche Flüssigkeit das Gargut nur von Dampf umschlossen wird. Außerdem wird ein Anbacken verhindert.
Der winzige Spalt zwischen Form und Deckel muß sein, dadurch wird der Druck im geschlossenen Topf reguliert und überschüssiger Dampf kann abziehen.

Wichtiges vor dem Start!

Egal für welche Form(en) Sie sich entschieden haben, einige Hinweise zur Benutzung des Römertopfes müssen Sie unbedingt beachten.

Denn ein Tontopf ist kein normaler Kochtopf oder eine Auflaufform, er braucht eine besondere Behandlung.

Ein Muß: das Tauchbad
Vor jeder Benutzung muß der Römertopf gewässert werden!

Die Form soll vollständig mit Wasser bedeckt sein, damit sich die feinen Poren vollsaugen können. Lieber etwas länger als zu kurz in <u>kaltes</u> Wasser legen, d.h. für ein Gericht mit kurzer Garzeit genügen 15 Min., aber bei großen Braten mit langer Garzeit legen Sie die Form für gut 1 Std. in das Wasser. Die aufgesogene Flüssigkeit erzeugt während des Garens in der geschlossenen Form eine feine Dunstschicht und das Gargut trocknet dadurch nicht aus.
Für das große Picknick-Rezept (Variante) auf Seite 8/9 wässern Sie die Römertöpfe etwas länger, auch wenn die Formen einige Stunden oder über Nacht in der Wanne liegen, schadet es auf keinen Fall.

Der Tontopf liebt es kalt

Einen Römertopf ausschließlich und stets in den kalten Backofen schieben! Stellen Sie die Form in den heißen Ofen, auf die heiße Herdplatte oder direktes Gasfeuer, dann kann der Ton springen.
Je nach Größe und Höhe stellen Sie den Topf <u>quer auf die unterste oder vorletzte Einschubleiste</u>, so läßt er sich auch besser

anfassen. Erst dann wird der Herd auf die im Rezept angegebene Temperatur eingeschaltet! (Mehr zur Temperatur-Regelung siehe auf Seite 30/31)

Vorsicht beim Servieren!

Nehmen Sie die heiße Form mit zwei Topflappen aus dem Backofen und stellen Sie sie auf einem trockenen Tuch, Holzbrett oder Kuchengitter ab.

Niemals auf kalte Platten oder nasse Unterlagen stellen, dem Römertopf würden die schockartigen Temperaturschwankungen nicht bekommen und er könnte springen.

Vor allem Gemüse

Bunter Gemüsetopf

● Vegetarisch
● Kalorienarm

Bei diesem Gericht können Sie ganz nach Belieben die Gemüsesorten austauschen, ergänzen oder von den einzelnen Sorten mehr oder weniger nehmen.

Für 4 Personen:

3 Zwiebeln
4 Knoblauchzehen
je 1 rote, grüne und gelbe Paprikaschote
3 Tomaten
2 Zucchini
1 Aubergine
2 Möhren
3 Stangen Staudensellerie
Salz • schwarzer Pfeffer
Cayennepfeffer
je 2 Zweige frische Kräuter (Majoran, Thymian, Rosmarin)
5 EL Olivenöl

Vorbereitungszeit: 30 Min.
Garzeit: 55 Min.

Pro Portion ca.: 950 kJ/227 kcal
5 g Ew/10 g F/34 g Kh

1 Den Römertopf wässern. Zwiebeln und Knoblauch schälen und grob zerschneiden. Die Paprikaschoten putzen, waschen, und in Streifen schneiden.

2 Die Tomaten waschen, die Stielansätze entfernen. Die Tomaten vierteln. Die Zucchini und Aubergine putzen, waschen und in Scheiben schneiden.

3 Die Möhren schälen, in 3–4 Teile schneiden und längs vierteln. Den Staudensellerie putzen, waschen und in kleine Stücke schneiden.

4 Das vorbereitete Gemüse bunt gemischt im Römertopf verteilen. Mit Salz, Pfeffer und wenig Cayennepfeffer würzen. Die Kräuter dazwischen legen und alles mit dem Olivenöl beträufeln.

5 Die Form schließen und in den kalten Backofen stellen. Das Gemüse bei 200° (Umluft 180°) 55 Min. garen.
Dazu schmeckt frisches Baguette.

TIP!

Das Gemüse schmeckt auch kalt sehr gut. Oder sie reichen es als Beilage zu gegrilltem Hähnchen, Lammkoteletts oder Fisch. Mit frischen Kräutern niemals sparen, lieber einen Zweig mehr als weniger nehmen!

Gemüse-Fleisch-Auflauf

- Gelingt leicht
- Preiswert

Für 4 Personen:

| 1 kg Wirsing |
| 1 Bund junge Möhren |
| 3 Stangen Lauch |
| 600 g festkochende Kartoffeln |
| 500 g Schweinegulasch |
| 2 EL Öl |
| je 1 TL Koriander- und Kümmelkörner |
| Salz • Pfeffer |
| 1 TL Paprikapulver, edelsüß |
| 1 Dose geschälte Tomaten (800 g Inhalt) |
| 1 Scheibe Schweinebauch (etwa 150 g) |

Vorbereitungszeit: 55 Min.
Garzeit: 1 1/2 Std.

Pro Portion ca.: 2129 kJ/509 kcal
34 g Ew/21 g F/52 g Kh

1 Den Römertopf wässern. Den Wirsing putzen und vierteln, Strunk entfernen und die Blätter grob zerschneiden.

2 Die Möhren putzen, schälen, waschen und in Scheiben schneiden. Den Lauch putzen, längs aufschneiden, gründlich waschen und in Scheiben schneiden. Kartoffeln schälen, waschen, längs halbieren und in Scheiben schneiden.

3 Das Gulasch mit dem Öl in eine Schüssel geben. Koriander- und Kümmelkörner im Mörser zerstoßen, zum Fleisch geben. Kräftig mit Salz, Pfeffer, Paprika würzen und alles gut vermischen.

4 Kartoffeln, Wirsing, Fleisch, Gemüse und Tomaten im Römertopf lagenweise einschichten. Jede Gemüselage mit Salz und Pfeffer würzen. Mit Kartoffeln abschließen und den Schweinebauch darauf legen.

5 Den Römertopf schließen und in den kalten Backofen stellen. Bei 200° (Umluft 180°) 1 1/2 Std. garen. In der Form zu Tisch bringen. Dazu schmeckt frisches Bauernbrot.

TIP!

Statt Schweinefleisch können Sie auch Rind oder Lamm verwenden. Der Schweinebauch macht den Auflauf schön saftig, fettärmer wird das Gericht natürlich ohne. Dann sollten Sie etwas Öl über die Kartoffeln träufeln.

Römertopf provençal

- 🔵 Braucht etwas Zeit
- 🟢 Spezialität aus Frankreich

Für 4–6 Personen:

800 g Lammfleisch (aus der Schulter)
1/2 Knolle Knoblauch
Salz • schwarzer Pfeffer
3 EL Kräuter der Provence
5 EL Olivenöl
800 g Tomaten
800 g Zwiebeln
600 g Auberginen
600 g Zucchini
400 g Möhren
1 Zweig Rosmarin

Vorbereitungszeit: 1 Std.
Garzeit: 1 1/2 Std.

Bei 6 Personen pro Portion ca.:
2008 kJ/480 kcal
23 g Ew/30 g F/34 g Kh

1 Den Römertopf wässern. Das Lammfleisch von Haut und Sehnen befreien, in kleine mundgerechte Würfel schneiden und in eine Schüssel geben. Den Knoblauch schälen und kleinhacken. Das Fleisch mit Salz, Pfeffer, 1 TL Kräutern der Provence und etwas Olivenöl marinieren.

2 Die Tomaten waschen, vierteln und die Stielansätze entfernen. Die Zwiebeln schälen und vierteln. Die Auberginen und Zucchini putzen, waschen und in Würfel schneiden. Die Möhren schälen, waschen und in Scheiben schneiden.

3 In den Römertopf 1 Lage Gemüse einfüllen. Mit Salz, Pfeffer und Kräutern würzen. Darauf etwas Lammfleisch verteilen, wieder Gemüse einschichten und würzen. So fortfahren, bis alle Zutaten verbraucht sind. Zum Schluß mit dem restlichen Olivenöl beträufeln und mit dem Rosmarinzweig belegen. Den Topf schließen.

4 Römertopf in den kalten Backofen stellen. Bei 200° (Umluft 180°) 1 1/2 Std. garen.
Dazu schmeckt Baguette und französischer Rotwein.

VARIANTE

Planen Sie mit Ihrer Familie und Freunden doch einmal ein richtiges Römertopf-Fest, und zwar ein Picknick am Lagerfeuer. Die gemeinsamen Vorbereitungen steigern noch die Vorfreude und stimmen ein auf dieses besondere Eßvergnügen! Außer den Zutaten müssen folgende Dinge bereitstehen bzw. vorbereitet werden: ein kräftiges Lagerfeuer mit reichlich Holzvorrat, Schaufeln, Alufolie und Arbeitshandschuhe.
Für 12–14 Personen müssen Sie lediglich die Zutaten des Grundrezeptes ungefähr verdreifachen. Diese Menge reicht für vier Römertöpfe, die vorher natürlich ausreichend gewässert werden müssen. Am besten in der Badewanne über mehrere Stunden. Die Zutaten werden dann in die Töpfe eingeschichtet – wie im Rezept oben beschrieben.
Jetzt kann's losgehen: Neben dem Lagerfeuer eine Grube in Größe der vier Römertöpfe ausheben und mit Alufolie auskleiden. Den Boden mit bereits vorhandener Glut bedecken. Darauf wieder Alufolie legen und die Römertöpfe rasch nebeneinander auf dieses Glutbett stellen. Nun soviel Glut über und in die seitlichen Zwischenräume füllen, daß die Deckel noch knapp zu sehen sind.
Am besten decken Sie die Töpfe wieder mit Alufolie ab, dadurch hält sich die Hitze und die Töpfe bleiben sauber. Während der Garzeit muß immer wieder Glut nachgeschüttet werden.
Insgesamt brauchen die provenzalischen Römertöpfe etwa 3 Std. Garzeit.
Dann die Töpfe aus der Glut holen – Handschuhe nicht vergessen! – und auf einer warmen Unterlage öffnen. Guten Appetit!

Gefüllte Paprikaschoten

- Gelingt leicht
- Für Gäste

Für 4 Personen:

1 Tasse Langkornreis (etwa 60 g)
Salz
8 kleine grüne Paprikaschoten
100 g Schafkäse
350 g Lammhackfleisch (ersatzweise gemischtes Hackfleisch)
1 Zwiebel
2 Knoblauchzehen
1 Ei
2 EL gehackte Petersilie
1 TL Paprikapulver, rosenscharf
schwarzer Pfeffer

Vorbereitungszeit: 45 Min.
Garzeit: 1 1/4 Std.

Pro Portion ca.: 1728 kJ/413 kcal
19 g Ew/25 g F/28 g Kh

1 Den Römertopf wässern. Den Reis in Salzwasser knapp 10 Min. vorgaren. In einem Sieb abtropfen lassen.

2 Von den Paprikaschoten einen kleinen Deckel abschneiden, vorsichtig die Trennwände und Kerne entfernen. Die Schoten und die Deckel waschen und auf Küchenpapier abtropfen lassen.

3 Den Schafkäse in kleine Würfel schneiden, mit dem Lammhack in eine Schüssel geben. Zwiebel und Knoblauchzehen schälen, fein hacken. Mit dem Ei, Petersilie und Reis unter die Hackmasse mischen. Alles gut durcharbeiten und mit Paprika, Pfeffer und etwas Salz pikant würzen.

4 Die Paprikaschoten mit der Fleischmasse füllen, den Deckel auflegen und die Schoten in den Römertopf setzen. Den Topf schließen und in den kalten Backofen stellen. Bei 200° (Umluft 180°) 1 1/4 Std. garen.

Vor allem Gemüse 11

Gefüllte Kohlrabi

- Braucht etwas Zeit
- Gelingt leicht

Für 4 Personen:

4 junge Kohlrabi
(je etwa 250 g)
1 Zwiebel
150 g Champignons
2 EL Butter
Salz • weißer Pfeffer
Muskatnuß, frisch gerieben
80 g gekochter Schinken
1 Ei
2 EL Crème fraîche
4 Scheiben Frühstücks-
speck (Bacon)

Vorbereitungszeit: 1 1/4 Std.
Garzeit: 1 Std.

Pro Portion ca.: 1075 kJ/257 kcal
13 g Ew/19 g F/12 g Kh

1 Den Römertopf wässern. Von den Kohlrabi die Blätter abschneiden, die zarten zur Seite legen. Die Kohlrabi schälen und einen Deckel abschneiden.

2 Mit einem Kugelausstecher oder scharfkantigen Teelöffel die Kohlrabi vorsichtig aushöhlen, bis nur eine etwa 1/2 cm dünne Wand übrigbleibt. Aus den Deckeln ebenfalls etwas herauslösen.

3 Etwa zwei Drittel Kohlrabifleisch sehr fein hakken. Die Zwiebel schälen und in kleine Würfel schneiden. Die Champignons putzen und fein hacken.

4 Die Butter in einer Pfanne erhitzen, Zwiebelwürfel darin anschwitzen. Champignons 3 Min. mitdünsten. Kohlrabifleisch in die Pfanne geben, alles verrühren, mit Salz, Pfeffer und Muskat würzen und zur Seite stellen.

5 Den Schinken in sehr kleine Würfel schneiden. Zusammen mit dem Ei und Crème fraîche unter die Kohlrabimasse mischen. Die Farce in die Kohlrabi füllen, den Deckel auflegen und in den Römertopf setzen. Über jeden Kohlrabi eine Speckscheibe legen.

6 Den Römertopf schließen und in den kalten Backofen stellen. Die Kohlrabi bei 200° (Umluft 180°) 1 Std. garen. Zum Servieren die zarten Blättchen abspülen, fein hacken und über die fertigen Kohlrabi streuen.

TIP!

Die Kohlrabi können auch ohne Schinken und Speck zubereitet werden. Ein trockener Weißwein, beispielsweise Chardonnay, paßt sehr gut dazu.

Sauerkraut mit Ananas

- Preiswert
- Gelingt leicht

Sauerkraut ist für die Zubereitung im Römertopf geradezu ideal. Ob kräftig mit Schmalz und Speck gekocht, als Beilage zu Bratwürsten und Eisbein, elegant mit Früchten zu Wildgerichten oder als Mittelpunkt bei deftigen Aufläufen – Sauerkraut ist vielseitig zu verwenden. Bei Suppen regt die zarte Säure den Appetit an und Fischfleisch wird dadurch fester. Zudem ist Sauerkraut sehr gesund und wird durch das schonende Garen im Römertopf besonders bekömmlich.

Es ist übrigens verbürgt, daß schon die alten Römer Sauerkraut kannten und (vielleicht im Römertopf?) zubereitet haben. Marcus Portius Cato (234–152 v.Chr.) hat ausführliche Kohlrezepte hinterlassen. Und einer der bedeutendsten Naturkundler der Antike, Secundus (23–79 n.Chr.), hat immer wieder das Sauerkraut als gesundes Nahrungsmittel bzw. als Naturheilmittel gepriesen.

Für 4–6 Personen:

1 Apfel (zum Beispiel Cox Orange)
2 Schalotten
1 Stück Ingwer (etwa walnußgroß)
1 Dose Sauerkraut (770 g Inhalt)
1/4 l trockener Weißwein (ersatzweise Orangensaft)
1 EL flüssiger Honig
weißer Pfeffer
2 Prisen Nelkenpulver
Salz
1/2 frische Ananas (ersatzweise 1 Dose Ananasstückchen, 205 g Inhalt)
100 g Crème fraîche

Vorbereitungszeit: 30 Min.
Garzeit: 1 Std.

Bei 6 Personen pro Portion ca.:
573 kJ/137 kcal
2 g Ew/4 g F/19 g Kh

1 Den Römertopf wässern. Den Apfel schälen und das Kerngehäuse entfernen. Den Apfel klein würfeln. Die Schalotten und den Ingwer schälen, in kleine Würfel schneiden.

2 Das Sauerkraut locker im Römertopf verteilen. Die Apfelstückchen, Zwiebel- und Ingwerwürfel untermengen. Den Wein mit Honig, Pfeffer, Nelken und etwas Salz verrühren und über das Kraut gießen.

3 Die Form schließen, in den kalten Backofen stellen und das Sauerkraut bei 200° (Umluft 180°) 1 Std. garen.

4 In der Zwischenzeit die Ananas schälen, den Strunk entfernen und die Frucht in kleine Stücke schneiden (Dosenstückchen in einem Sieb abtropfen lassen).

5 Zum Servieren die Ananasstückchen und Crème fraîche unter das Sauerkraut mischen. Als Beilage zu Wildgeflügel oder Wild servieren oder solo mit Salzkartoffeln als vegetarisches Hauptgericht.

VARIANTEN

- Sauerkraut mit kleinen, kernlosen Weintrauben und Sekt zubereiten.
- Pikant mit Mangowürfelchen, Chillie und Ingwer schmoren.
- Deftig wird es mit Gänseschmalz und Äpfeln.
- Rosinen, Nüsse und Kernöl geben Sauerkraut eine ganz besondere Note.
- Die Mecklenburger lieben Sauerkraut mit Schinken und Backpflaumen.
- Eine süß-saure, sehr aromatische Variante ist Sauerkraut mit Birnen in Weißwein geschmort.

TIP!

Beim Einkauf von frischem Sauerkraut sollten Sie folgendes beachten:
- Probieren Sie ruhig aus dem Krautfaß, gutes Kraut schmeckt angenehm säuerlich und ist beim Kauen knusprig.
- Das Kraut soll angenehm und nicht etwa nach Essig oder Fäulnis riechen.
- Wenn Sie das Kraut zusammendrücken, muß es sich fest anfühlen.
- Bei abgepacktem Sauerkraut bitte auf das Haltbarkeitsdatum achten. Sachgemäß gelagert, ist das Kraut in Dosen oder Gläsern bis zu 48 Monaten haltbar, in Beuteln hält es sich bis zu 18 Monaten.

Vor allem Gemüse

Sauerkrautsuppe

● Preiswert
● Gelingt leicht

Für 4 kleine Portions-Römertöpfchen oder 1 großen Römertopf:

| 1 Möhre |
| 1 Petersilienwurzel |
| 2 Zwiebeln |
| 1 große Kartoffel (etwa 300 g) |
| 1 Dose Sauerkraut (520 g Inhalt) |
| 16 Wacholderbeeren |
| 16 Pfefferkörner |
| 4 Lorbeerblätter |
| 1 1/2 l Fleischbrühe (Instant) |
| 1 EL Zucker |
| 4 kleine Knackwürste |
| 4 EL saure Sahne |
| 1/2 Bund gehackter Schnittlauch |

Vorbereitungszeit: 30 Min.
Garzeit: 1 Std.

Pro Portion ca.: 1418 kJ/339 kcal
11 g Ew/20 g F/28 g Kh

1 Die Töpfchen 10 Min. wässern. Möhre, Petersilienwurzel und Zwiebeln schälen, klein würfeln. Kartoffel schälen, waschen und grob reiben.

2 Das Sauerkraut etwas zerschneiden, mit Gemüse und Kartoffelmasse auf die Töpfchen verteilen. Je 4 Wacholderbeeren, 4 Pfefferkörner und 1 Lorbeerblatt dazulegen. Brühe mit Zucker verrühren und verteilen.

3 Die Töpfchen schließen, die Suppe bei 200° (Umluft 180°) 50 Min. garen.

4 Die Würste in Scheiben schneiden, nach 50 Min. jeweils 1 Wurst in die Suppe drücken. 10 Min. mitgaren lassen, anschließend auf jede Portion 1 EL Sahne und etwas Schnittlauch geben.

Sauerkraut-Fisch-Auflauf

● Gelingt leicht
● Preiswert

Für 4 Personen:

| 800 g Schellfisch- oder Kabeljaufilet |
| 3 EL Zitronensaft |
| Salz • Pfeffer |
| Cayennepfeffer |
| 60 g Butter |
| 500 g frisches Sauerkraut |
| 8 Wacholderbeeren |
| 2 Lorbeerblätter |
| 200 g saure Sahne |
| 2 EL Meerrettich (aus dem Glas) |
| 1 Bund gehackte Kräuter (Estragon, Dill, Petersilie) |
| 4 EL Semmelbrösel |

Vorbereitungszeit: 30 Min.
Garzeit: 1 Std.

Pro Portion ca.: 1817 kJ/440 kcal
40 g Ew/25 g F/14 g Kh

1 Den Römertopf wässern. Fischfilet abspülen, trockentupfen, mit Zitronensaft beträufeln. Mit Salz, Pfeffer und etwas Cayennepfeffer würzen.

2 Die Form mit 2 EL Butter ausstreichen, die Hälfte des Sauerkrauts locker einlegen. Einige Wacholderbeeren und 1 Lorbeerblatt dazwischen legen.

3 Fischfilets auf das Sauerkraut legen. Mit Butterflöckchen bedecken. Restliches Sauerkraut, Wacholderbeeren und Lorbeerblatt darauf legen.

4 Sahne mit Meerrettich und Kräutern verrühren, auf dem Kraut verstreichen. Mit Semmelbröseln und Butterflöckchen belegen. Bei 200° (Umluft 180°) 1 Std. garen. Dazu passen Salzkartoffeln.

Vor allem Gemüse 15

Sauerkraut-topf mit Kasseler

○ Braucht etwas Zeit
● Gelingt leicht

Für 4 Personen:

3 mittelgroße Kartoffeln (etwa 600 g)
2 Zwiebeln
2 Äpfel (Boskop, Jonathan)
600 g Kasselernacken
1 Dose Sauerkraut (770 g Inhalt)
schwarzer Pfeffer
1 TL Kümmel
10 Wacholderbeeren
2 Lorbeerblätter
1/8 l Fleischbrühe (Instant)
100 g Crème fraîche
3 EL Meerrettich (aus dem Glas)

Vorbereitungszeit: 35 Min.
Garzeit: 1 Std. 20 Min.

Pro Portion ca.: 2154 kJ/515 kcal
31 g Ew/23 g F/ 47 g Kh

1 Den Römertopf wässern. Kartoffeln schälen, waschen und in sehr kleine Würfel schneiden. Zwiebeln und Äpfel schälen, klein würfeln. Kasseler in 2 cm große Würfel schneiden.

2 Das Sauerkraut locker in den Römertopf geben und mit den Kartoffeln, Kasseler, Zwiebeln und Äpfeln vermengen. Mit Pfeffer bestreuen, Kümmel, Wacholderbeeren und Lorbeerblätter dazwischen legen.

3 Die Brühe mit Crème fraîche und Meerrettich verrühren, über das Krautgemisch gießen. Die Form schließen, bei 220° (Umluft 200°) 1 Std. 20 Min. garen.

Szegediner Gulasch

● Gut vorzubereiten
● Spezialität aus Ungarn

Für 4–6 Personen:

600 g Schweinekamm
Salz • schwarzer Pfeffer
1 EL Paprikapulver, rosenscharf
1 TL Kümmel
2 große Zwiebeln
2 Knoblauchzehen
1 Dose Sauerkraut (520 g Inhalt)
150 g saure Sahne
1 TL Mehl

Vorbereitungszeit: 35 Min.
Garzeit: 1 1/2 Std.

Bei 6 Personen pro Portion ca.: 1372 kJ/328 kcal
18 g Ew/24 g F/10 g Kh

1 Den Römertopf wässern. Das Fleisch in kleine Stücke schneiden. Kräftig mit Salz, Pfeffer, Paprika und Kümmel würzen.

2 Zwiebeln und Knoblauch schälen. Zwiebeln halbieren, quer in dünne Scheiben schneiden. Den Knoblauch hacken.

3 Abwechselnd Fleisch und Sauerkraut in den Römertopf schichten. Zwiebeln und Knoblauch dazwischen verteilen.

4 1/4 l Wasser angießen, den Römertopf schließen und in den kalten Backofen stellen. Das Gulasch bei 220° (Umluft 200°) 1 1/2 Std. garen.

5 Die Sahne mit Mehl verrühren, unter das fertige Gulasch rühren und den Römertopf noch einmal 5 Min. in den Backofen stellen, damit das Mehl bindet. Dazu schmecken Salzkartoffeln oder Kartoffelknödel.

Vor allem Gemüse

Rosenkohlauflauf

● Gut vorzubereiten
● Gelingt leicht

Für 4 Personen:

1 kg Rosenkohl
Salz
2 Brötchen vom Vortag
2 Zwiebeln
400 g gemischtes Hackfleisch
2 Eier
1 TL mittelscharfer Senf
je 1/2 TL Kümmel, Thymian und Paprikapulver, edelsüß
schwarzer Pfeffer
Muskatnuß, frisch gerieben
4 EL Semmelbrösel
3 EL Butter

Vorbereitungszeit: 50 Min.
Garzeit: 1 1/4 Std.

Pro Portion ca.: 2216 kJ/530 kcal
29 g Ew/31 g F/39 g Kh

1 Den Römertopf wässern. Den Rosenkohl putzen, am Strunk kreuzweise einschneiden. In einem Topf Salzwasser aufkochen, den Rosenkohl 5 Min. blanchieren. In einem Sieb abtropfen lassen.

2 Die Brötchen in heißem Wasser einweichen. Die Zwiebeln schälen und in kleine Würfel schneiden. Das Hackfleisch mit den Eiern, Senf, Kümmel, Thymian, Paprika, Salz und Pfeffer pikant würzen. Die Brötchen ausdrücken und gründlich mit dem Hackfleisch vermengen.

3 In den Römertopf die Hälfte Rosenkohl einschichten. Mit Muskat und Pfeffer würzen. Darauf die Hälfte der Hackfleischmasse verteilen. Restlichen Rosenkohl darauf legen, wieder mit Muskat und Pfeffer würzen und mit dem übrigen Hackfleisch bedecken. Die Semmelbrösel darüber streuen und die Butter in kleinen Flöckchen darauf setzen.

4 Den Römertopf schließen und in den kalten Backofen stellen. Den Auflauf bei 200° (Umluft 180°) 1 1/4 Std. garen. Dazu schmeckt Kartoffelpüree.

Vor allem Gemüse

Gemüse-Nudel-Auflauf

● Vegetarisch
● Preiswert

Für 4 Personen:

| 250 g Hörnchennudeln |
| Salz |
| 300 g Zucchini |
| 200 g kleine Champignons |
| 40 g weiche Butter |
| 300 g tiefgekühlte Erbsen |
| 100 g frisch geriebener mittelalter Gouda |
| 1/4 l Milch |
| 4 Eier |
| Pfeffer |
| Muskatnuß, frisch gerieben |

Vorbereitungszeit: 40 Min.
Garzeit: 1 Std.

Pro Portion ca.: 2451 kJ/586 kcal
27 g Ew/26 g F/66 g Kh

1 Die Nudeln in Salzwasser nach Packungsanweisung bißfest kochen. In einem Sieb kalt abspülen und abtropfen lassen. Den Römertopf wässern.

2 Die Zucchini putzen, waschen und in Würfel schneiden. Champignons putzen und vierteln.

3 Den Römertopf mit etwas Butter ausstreichen. Die Zucchini, Champignons, Erbsen und Nudeln abwechselnd in die Form schichten. Mit Nudeln abschließen.

4 Den Käse mit der Milch und den Eiern verquirlen. Kräftig mit Salz, Pfeffer und Muskat würzen. Den Auflauf damit begießen und die restliche Butter in kleinen Flöckchen darauf setzen.

5 Die Form schließen und in den kalten Backofen stellen. Bei 200° (Umluft 180°) 50 Min. backen. 10 Min. vor Garzeitende den Deckel entfernen und den Auflauf leicht bräunen lassen.
Dazu schmeckt Kopfsalat.

VARIANTE

Wurstliebhaber mischen noch zusätzlich 250 g kleingeschnittene Fleischwurst unter den Auflauf.

TIP!

Sehr gut paßt Tomatensauce zu diesem Auflauf: Dafür 1 Zwiebel klein würfeln und in 1 EL Butter oder Öl andünsten. 1 Dose geschälte Tomaten (400 g Inhalt) hinzufügen und 25 Min. köcheln lassen. Mit Oregano, Pfeffer, Salz, und 1/2 TL Zucker abschmecken.

Hähnchenkeulen mit Gemüse

- Gelingt leicht
- Für Gäste

Für 4 Personen:

4 Hähnchenkeulen
Selleriesalz
schwarzer Pfeffer
Cayennepfeffer
2 Möhren
3 Stangen Staudensellerie
2 Petersilienwurzeln
1 Fenchelknolle
1 rote Paprikaschote
120 g kleine Champignons
2 Zwiebeln
4 Knoblauchzehen
4 Salbeiblätter
1 Rosmarinzweig
200 ml Gemüsefond (aus dem Glas)
1/8 l Weißwein (ersatzweise Gemüsefond oder Geflügelbrühe)

Vorbereitungszeit: 1 Std.
Garzeit: 1 1/2 Std.

Pro Portion ca.: 1054 kJ/252 kcal
19 g Ew/8 g F/23 g Kh

1 Den Römertopf wässern. Von den Hähnchenkeulen die Haut ablösen, Keulen waschen und mit Selleriesalz, Pfeffer und Cayennepfeffer würzen.

2 Die Möhren schälen und in dicke Scheiben schneiden. Sellerie und Petersilienwurzel putzen und schälen. Fenchel und Paprikaschote waschen, putzen. Gemüse in grobe Stücke schneiden. Die Champignons putzen. Zwiebeln und Knoblauch schälen, die Zwiebeln vierteln.

3 Das Gemüse im Römertopf verteilen. Leicht mit Selleriesalz und Pfeffer würzen. Salbei und Rosmarin dazwischen legen. Die Hähnchenkeulen auf das Gemüse legen, den Gemüsefond und Wein angießen. Den Römertopf schließen und in den kalten Backofen stellen. Bei 220° (Umluft 200°) 1 1/2 Std. garen. Dazu paßt Reis.

VARIANTE

Wenn Sie dem Gericht eine exotische Note geben möchten, würzen Sie (anstatt mit Selleriesalz, Salbei und Rosmarin) mit 1 EL Currypulver, 1 TL kleingehacktem Ingwer und etwas frischem Koriandergrün.

TIP!

Rühren Sie 200 g Joghurt in die Bratflüssigkeit. Wer nicht auf die Kalorien achten muß, nimmt saure Sahne oder Crème fraîche.

Würzige Pellkartoffeln mit Kräuterquark

- 🔴 Vegetarisch
- 🟢 Gelingt leicht

Für 4 Personen:

12 mittelgroße mehligkochende Kartoffeln	
2 TL Kümmel	
1 TL Fenchelsamen	
1/2 TL Majoran	
1 1/2 TL Salz	
2 EL Butter	
500 g Quark	
1 Zwiebel	
1/8 l Milch	
Salz • Pfeffer	
1 Bund Schnittlauch	

Vorbereitungszeit: 20 Min.
Garzeit: 1 Std.

Pro Portion ca.: 1438 kJ/344 kcal
22 g Ew/6 g F/50 g Kh

1 Den Römertopf wässern. Die Kartoffeln gründlich waschen und im Römertopf verteilen. Die Gewürze und das Salz darüber streuen. Die Butter in kleinen Flöckchen auf den Kartoffeln verteilen.

2 Den Römertopf schließen und in den kalten Backofen stellen. Bei 250° (Umluft 220°) 1 Std. garen. Nach dieser Zeit eine Garprobe machen, sind die Kartoffeln noch zu fest, den Römertopf für weitere 10 Min. im Ofen lassen.

3 Inzwischen den Quark in eine Schüssel geben. Die Zwiebel schälen und in kleine Würfel schneiden. Zwiebeln und Milch unter den Quark rühren. Mit Salz und Pfeffer abschmecken. Den Schnittlauch abspülen, in kleine Röllchen schneiden und über den Quark streuen.

4 Die Kartoffeln im Römertopf servieren, so bleiben sie schön heiß. Jeder schält sich seine Kartoffeln selbst. Zusätzlich zum Quark sind Butter, Leberwurst oder Matjesfilet »Hausfrauenart« ideale Begleiter zu Pellkartoffeln.

Saftig und zart: Fisch

Falls Sie Fischliebhaber sind und es Ihr Platz und Geldbeutel zulassen, sollten Sie sich speziell für Fischgerichte den Fisch-Römertopf zulegen. Das hat in erster Linie den Vorteil, daß kein störender Fischgeschmack auf nachfolgende Gerichte aus dem Römertopf übertragen wird. Falls Sie nur einen Römertopf besitzen, müssen Sie dennoch nicht auf Fischgerichte verzichten: Beachten Sie bei der Reinigung die Hinweise und den Tip auf der nächsten Seite!

Gesunde Fischküche

Fisch ist meist fettarm (z.B. Schellfisch, Seelachs und Scholle), leicht verdaulich und reich an Vitaminen – vor allem A, D und E – und Eiweiß. Fischeiweiß ist cholesterinarm und enthält alle lebensnotwendigen Aminosäuren. Fische liefern uns wichtiges Kalium und Phosphor, Seefische zusätzlich Jod und Fluor. Mit 200 g Fisch deckt ein Erwachsener seinen täglichen Bedarf an tierischem Eiweiß. Deshalb sollten Sie möglichst oft zu diesem wertvollen Lebensmittel greifen.

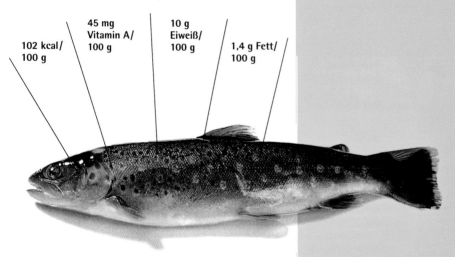

102 kcal/100 g
45 mg Vitamin A/100 g
10 g Eiweiß/100 g
1,4 g Fett/100 g

Wohlschmeckendes Fleisch mit wenig Fett: die Forelle.

Saftig und zart: Fisch

Der Fisch im Römertopf

Durch das Garen im Römertopf bleiben die Vitamine weitgehend erhalten und das Aroma wird geschützt.

Werden herkömmliche Töpfe und Pfannen für die Zubereitung von Fisch verwendet, besteht oft die Gefahr, daß er zerfällt oder auch anklebt. Im Römertopf gelingt durch das sanfte Dampfgaren jedes Fischgericht, gleich ob Sie Fischfilet, ganze Fische, Süßwasser- oder Seefische verwenden. Die richtige Würze für alle Fische, die im Ganzen gegart werden, sind frische Kräuter: Füllen Sie Petersilie, Dill odr auch Estragon in den Fischbauch.

Fischsud

Wenn Sie nach dieser Standardregel folgenden Sud herstellen, wird Ihr Fisch zu einer köstlichen Delikatesse:
1/2 l Wasser mit 100 ml Weißwein oder 40 ml Essig, 1/2 TL Salz, 2 Prisen Zucker, 8 Pfefferkörnern, 2 Nelken, 1 Lorbeerblatt, 1 Zwiebel und etwas kleingewürfeltem Suppengemüse 30 Min. köcheln. Den Sud etwas abkühlen lassen und durch ein Sieb gießen. Den Boden der Form etwa 2 cm hoch mit Sud füllen und den vorbereiteten Fisch in den Römertopf legen. Bei 180° 35 Min. dünsten. Für Fischragout sind festfleischige Fische empfehlenswert. Ideal sind daher Aal, Heilbutt, Kabeljau, Rotbarsch, Seeteufel, Steinbeißer oder Thunfisch.

Die Reinigung des Römertopfs

• Zunächst müssen Sie einen neuen Römertopf vor der ersten Benutzung mit einer Bürste in reichlich Wasser säubern, damit sich noch anhaftender Tonstaub (aus der Fabrikation) löst.

• Nach der ersten Benutzung verfärbt sich der Römertopf innen bräunlich und nach jedem Gebrauch verstärkt sich die Verfärbung. Das ist normal bei Ton, versuchen Sie also bitte nicht, die Patina abzukratzen. Reinigen Sie die Form grundsätzlich mit warmem oder heißem Wasser. Benutzen Sie dazu einen Schwamm oder eine weiche Bürste. Um alle Fettreste zu entfernen, können Sie 1–2 Tropfen Spülmittel verwenden. Auf Scheuersand oder die Metallbürste zum Reinigen sollten Sie verzichten, das nimmt Ihnen der Römertopf übel! So verstopfen die feinen Poren und der Ton kann kein Wasser mehr aufsaugen, damit würde Ihre Form unbrauchbar!
Um Römertöpfe in Spülmaschinen zu reinigen, ist der poröse Ton zu anfällig, die scharfen Reinigungsmittel könnten ihn beschädigen.

> **TIP!**
> Um auch die letzten Spuren von Fisch- oder Knoblauchgeruch zu entfernen, geben Sie einen Schuß Essig in das letzte Spülwasser. Die Form wird wieder frisch und geruchsfrei.

• Haben Sie Ihren Römertopf schon sehr häufig benutzt, gönnen Sie ihm eine Runderneuerung. Einfach einen großen Topf mit Wasser füllen und den Römertopf 30 Min. sanft auskochen. Alle Poren werden wieder frei und atmungsaktiv.

• Nach dem Spülen muß der Römertopf richtig trocknen. Legen Sie Unterteil und Deckel nebeneinander und erst wenn beide Teile gut durchgetrocknet sind, können Sie den Deckel umgekehrt in die Form legen und an einem luftigen Platz aufbewahren.

Fisch–Gemüse–Auflauf

● Braucht etwas Zeit
● Für Gäste

Für 4 Personen:

500 g Kartoffeln
3 Möhren
1 kleiner Blumenkohl
(etwa 300 g)
Salz
600 g Rotbarschfilet
6 EL Zitronensaft
Pfeffer
100 g Butter
40 g Mehl
1/2 l Milch
Cayennepfeffer
1/2 TL Zucker
1 EL mittelscharfer Senf
Streuwürze
Muskatnuß, frisch gerieben
1 Bund Petersilie
150 g frisch geriebener
Gouda
4 Eigelbe
3 EL gehackte Mandeln

Vorbereitungszeit: 1 1/2 Std.
Garzeit: 50 Min.

Pro Portion ca.: 3782 kJ/733 kcal
52 g Ew/45 g F/45 g Kh

1 Den Römertopf wässern. Die Kartoffeln und Möhren schälen, waschen und in 1/2 cm dicke Scheiben schneiden. Den Blumenkohl putzen, in kleine Röschen zerteilen und waschen.

2 Reichlich Salzwasser in einem Topf aufkochen, das Gemüse darin 5 Min. blanchieren. In einem Sieb abtropfen lassen.

3 Das Fischfilet mit 4 EL Zitronensaft, Salz und Pfeffer würzen.

4 Die Butter in einem Topf erhitzen, das Mehl einstreuen und unter Rühren die Milch angießen. Die Sauce bei milder Hitze 5 Min. köcheln lassen. Mit Salz, Pfeffer, Cayennepfeffer, Zucker, Senf, Streuwürze, Muskat und restlichem Zitronensaft pikant abschmecken.

5 Die Petersilie waschen, die Blättchen fein hacken. Käse, Petersilie und die Eigelbe unter die Sauce rühren.

6 In den Römertopf die Hälfte der Kartoffeln, Möhren und Blumenkohlröschen einschichten. Die Fischfilets darauf legen und mit der Hälfte der Sauce bedecken. Das übrige Gemüse auf dem Fisch verteilen und mit der restlichen Sauce begießen. Mit den Mandeln bestreuen und den Topf schließen. In den kalten Backofen stellen und den Auflauf bei 200° (Umluft 180°) 50 Min. garen.

Fischeintopf

● Gelingt leicht
● Preiswert

Für 4 Personen:

3 Möhren
2 Zwiebeln
500 g Kartoffeln
300 g grüne Bohnen
Salz
Pfeffer
1 TL Kümmel
1 TL getrocknetes
Bohnenkraut
1/4 l Gemüse- oder
Fleischbrühe (Instant)
600 g Kabeljaufilet
2 EL Zitronensaft
400 g Tomaten
1 Bund Dill
4 TL Crème fraîche

Vorbereitungszeit: 50 Min.
Garzeit: 1 Std. 10 Min.

Pro Portion ca.: 1552 kJ/371 kcal
34 g Ew/6 g F/48 g Kh

1 Den Römertopf wässern. Die Möhren putzen, in 3 Teile schneiden und längs vierteln. Zwiebeln schälen und in Spalten schneiden. Die Kartoffeln schälen, waschen und in kleine Würfel schneiden. Die Bohnen waschen und putzen. In etwa 3 cm lange Stücke schneiden.

2 Das Gemüse im Römertopf verteilen. Mit Salz, Pfeffer, Kümmel und Bohnenkraut würzen. Die Brühe angießen, den Topf schließen und in den kalten Backofen stellen. Bei 200° (Umluft 180°) 50 Min. garen.

3 Das Fischfilet in mundgerechte Würfel schneiden und mit Zitronensaft, Salz und Pfeffer würzen. Stielansätze der Tomaten entfernen. Tomaten kurz überbrühen, häuten und achteln.

4 Nach 50 Min. den Römertopf öffnen, Fisch und Tomaten auf das Gemüse geben. Die Form wieder schließen und alles in 20 Min. fertig garen.

5 Den Dill abbrausen und kleinschneiden. Auf jede Portion 1 TL Crème fraîche setzen und mit Dill bestreuen.
Dazu schmeckt frisches Baguette und ein trockener Weißwein.

Im Bild oben: Fischeintopf
Im Bild unten:
Fisch-Gemüse-Auflauf

Seelachsröllchen

- 🟢 Spezialität
- 🔵 Für Gäste

Für 4 Personen:

200 g kleine geschälte rohe Garnelen (frisch oder tiefgekühlt)
1 Knoblauchzehe
1 Bund Petersilie
6 EL Zitronensaft
8 sehr dünne Seelachsfilets (insgesamt etwa 750 g)
1 Stange Lauch
1 Fenchelknolle
1 große Möhre
100 g frische Sprossen
3 EL Butter
8 dünne Scheiben durchwachsener Räucherspeck
Kräutersalz
weißer Pfeffer
2 Prisen Zucker
1 1/2 EL mittelscharfer Senf
1/8 l Weißwein (ersatzweise Gemüsebrühe)
100 g Crème fraîche
1 Bund gemischte Kräuter (zum Beispiel Dill, Petersilie, Zitronenmelisse)

Vorbereitungszeit: 1 Std.
Garzeit: 45 Min.

Pro Portion ca.: 2497 kJ/597 kcal
59 g Ew/32 g F/11 g Kh

1 Den Römertopf wässern. Die Garnelen in einem Sieb abbrausen und in eine Schüssel geben.

2 Den Knoblauch schälen und durchpressen. Die Petersilie abbrausen und kleinhacken. Die Garnelen mit 3 EL Zitronensaft, Knoblauch und Petersilie mischen. Die Fischfilets mit dem restlichen Zitronensaft beträufeln.

3 Den Lauch putzen, längs aufschneiden, gründlich waschen und in Ringe schneiden. Die Fenchelknolle putzen, vierteln und in Streifen schneiden. Die Möhre schälen und in 3 cm lange dünne Stifte schneiden. Die Sprossen abbrausen.

4 Die Butter in einer Pfanne erhitzen, die Speckscheiben leicht anbraten. Den Speck wieder herausheben und in dem Bratfett das Gemüse (ohne Sprossen) 3 Min. andünsten. Mit Salz, Pfeffer und Zucker würzen.

5 Alles Gemüse im Römertopf verteilen. Die Seelachsfilets mit Salz und Pfeffer würzen. Die Innenseite mit etwas Senf bestreichen und je 1 Speckscheibe darauf legen.

6 Die Filets aufrollen und mit kleinen Holzspießchen zustecken.

7 Die Fischröllchen mit der offenen Seite nach oben auf das Gemüse setzen und die Garnelen dazwischen verteilen. Den Wein angießen, die Form schließen und in den kalten Backofen stellen. Die Seelachsröllchen bei 180° (Umluft 160°) 45 Min. garen.

8 Die Kräuter abbrausen (einige Dillzweige als Garnitur aufheben) und

kleinschneiden. Je 2 Seelachsröllchen vorsichtig auf vorgewärmte Teller setzen. Die Garnelen gleichmäßig verteilen. Crème fraîche und gehackte Kräuter mit dem Gemüse mischen und dazu anrichten. Mit den Dillspitzen garniert servieren.
Dazu paßt Wildreis.

TIP!

Welcher Wein paßt zu Fisch?
Der ideale »Fischwein« ist ein leichter und trockener Weißwein mit feiner Säure und nicht zu blumig. Wenn Sie einen deutschen Weißwein bevorzugen, so ist ein Riesling aus fast allen Anbaugebieten, sowie Weiß- und Grauburgunder aus Baden ideal. Grüner Veltliner und Sauvignon aus Österreich, Soave und Orvieto aus Italien oder ein Sancerre, Muscadet oder Pouilly Fumé aus Frankreich sind die harmonischen Begleiter zu Ihrem Fischgericht.

Saftig und zart: Fisch

Forellen in Riesling

- Für Gäste
- Gelingt leicht

Für 4 Personen:

4 küchenfertige Forellen (je etwa 250 g)
1 unbehandelte Zitrone
1 Bund Petersilie
1 Bund Dill
100 g Schalotten
Salz • weißer Pfeffer
1 Lorbeerblatt
40 g Butter
1/4 l Riesling

Vorbereitungszeit: 30 Min.
Garzeit: 45 Min.

Pro Portion ca.: 1820 kJ/435 kcal
43 g Ew/22 g F/8 g Kh

1 Den Römertopf wässern. Forellen unter fließendem Wasser abspülen und mit Küchenpapier trockentupfen.

2 Die Zitrone waschen, trockenreiben und die Schale zu zwei Dritteln mit einem Zestenreißer ablösen. Den Saft auspressen. Die Petersilie und den Dill waschen. Die Schalotten schälen.

3 Die Forellen innen und außen mit dem Zitronensaft beträufeln und mit Salz und Pfeffer würzen. Petersilie und Dill teilen und je 1/4 Bund in die Bauchöffnung stecken.

4 Die Schalotten im Römertopf verteilen. Das Lorbeerblatt hinzufügen und die Zitronenschalen dazwischen streuen. Die Forellen in die Form legen.

5 Die Butter in einem Pfännchen mit 1 Prise Salz leicht anbräunen, mit einem Küchenpinsel auf den Forellen verstreichen. Den Wein angießen, die Form schließen und in den kalten Backofen stellen. Die Forellen bei 200° (Umluft 180°) 45 Min. garen.
Dazu passen Salzkartoffeln und Meerrettichsauce (siehe Tip).

TIP!

Meerrettichsauce ist eine tolle Ergänzung zu den Forellen. Hierfür 200 g Sahne etwas einkochen lassen. 100 g Meerrettich aus dem Glas, 100 g Sahnequark und 3 EL Schnittlauchröllchen unter die Sahne rühren. Mit Zucker, Essig, etwas Salz und Pfeffer abschmecken. Die Sauce schmeckt warm oder kalt.

Saftig und zart: Fisch

Saiblinge in Estragonrahm

- Für Gäste
- Gelingt leicht

Für 4-6 Personen:

2 küchenfertige Saiblinge (je etwa 750 g, ersatzweise Lachsforellen)
Salz • weißer Pfeffer
4 EL Zitronensaft
2 Bund frischer Estragon
2 Stangen Lauch (etwa 500 g)
40 g Butter
400 g Sahne
1 unbehandelte Zitrone

Vorbereitungszeit: 30 Min.
Garzeit: 55 Min.

Bei 6 Personen pro Portion ca.:
1744 kJ/424 kcal
29 g Ew/31 g F/10 g Kh

1 Den Römertopf wässern. Die Saiblinge waschen und trockentupfen. Innen und außen mit Salz, Pfeffer und Zitronensaft würzen. Den Estragon waschen und in jede Bauchöffnung 1 Zweig legen.

2 Den Lauch putzen, längs aufschneiden und gründlich waschen. Das Weiße in Ringe schneiden. Die Hälfte der Butter in einer Pfanne erhitzen, den Lauch glasig andünsten. Den restlichen Estragon ohne die groben Stiele hacken.

3 Den Lauch in der Form verteilen, die Saiblinge darauf legen und mit der restlichen Butter in kleinen Flöckchen belegen. Mit dem gehackten Estragon bestreuen. Die Sahne dazugießen und die Form schließen.

4 Den Römertopf in den kalten Backofen stellen und die Saiblinge bei 200° (Umluft 180°) 55 Min. backen.

5 Die Zitrone in Spalten schneiden und dazulegen. Mit Reis oder kleinen Petersilienkartoffeln und frischem Blattsalat servieren.

> **TIP!**
>
> Vor dem Servieren die Haut an der Oberfläche entfernen und die Saiblinge in der Form servieren. Ideal dazu schmeckt ein trockener Wein von der Mosel.

Exotisches Fischfilet

● Kalorienarm
● Gelingt leicht

Für 4 Personen:

20 g getrocknete
Mu-Err Pilze
800 g Fischfilet (Kabeljau
oder Rotbarsch)
1 Stück frischer Ingwer
(etwa walnußgroß)
2 Knoblauchzehen
4 EL Sojasauce
3 EL Zitronensaft
Salz
200 g Knollensellerie
6 gelbe Chilischoten
2 Stangen Zitronengras
3 Frühlingszwiebeln
30 g Butter
schwarzer Pfeffer
1/2 Bund frischer
Koriander

Vorbereitungszeit: 45 Min.
Garzeit: 45 Min.

Pro Portion ca.: 1167 kJ/279 kcal
40 g Ew/8 g F/12 g Kh

1 Den Römertopf wässern. Die Pilze in kaltem Wasser einweichen. Das Fischfilet in etwa 3 cm breite Stücke schneiden. Ingwer und Knoblauch schälen, durch die Presse drücken und mit Sojasauce und Zitronensaft mischen. Den Fisch leicht salzen, mit der Marinade beträufeln und abgedeckt durchziehen lassen.

2 Den Sellerie schälen und in dünne Streifen schneiden. Die Chili-schoten halbieren, die Kerne entfernen und abspülen. Vom Zitronengras den Wurzelansatz und die äußeren harten Blätter entfernen, das weiche Innere kleinschneiden. Die Zwiebeln putzen und längs halbieren.

3 Die Pilze abtropfen lassen und kleinschneiden. Fisch, Gemüse und Pilze im Römertopf einschichten. Mit Butterflöckchen belegen und mit Pfeffer bestreuen. Die Form schließen und in den kalten Backofen stellen. Bei 200° (Umluft 180°) 45 Min. garen.

4 Den Koriander waschen, die Blättchen abzupfen und über das fertige Gericht streuen. Servieren Sie dazu Reis oder Reisnudeln.

TIP!

Sie können das Gemüse beliebig variieren. Gut passen beispielsweise Lauch, Möhren oder Blumenkohl.

Fischcurry

● Gelingt leicht
● Spezialität

Für 2 kleine Portions-Römertöpfchen:

300 g Fischfilet (Kabeljau
oder Rotbarsch)
1 Stück frischer Ingwer
(etwa walnußgroß)
2 Knoblauchzehen
2 EL helle Sojasauce
2 EL Zitronensaft
Salz • schwarzer Pfeffer
je 2 Prisen gemahlene
Nelken, Zimt, Koriander
und Kümmelpulver
1 EL Curry
2 Frühlingszwiebeln
1 frische rote Chilischote
100 g kleine Champignons
8 EL Kokosmilch (aus der
Dose, Asienladen)

Vorbereitungszeit: 50 Min.
Garzeit: 45 Min.

Pro Portion ca.: 1426 kJ/341 kcal
33 g Ew/17 g F/19 g Kh

1 Die Portionsförmchen 10 Min. wässern.

2 Das Fischfilet in kleine Stücke schneiden. Ingwer und Knoblauch schälen und fein hacken.

3 Sojasauce mit dem Zitronensaft, etwas Salz, Pfeffer, den weiteren Gewürzen, Knoblauch und Ingwer in einer Schüssel mischen. Den Fisch in dieser Würzmischung durchziehen lassen.

4 Die Zwiebeln putzen, halbieren und in nicht zu dünne Scheiben schneiden (das Lauchgrün aufheben). Die Chilischote längs aufschlitzen, die Kerne entfernen, Schote in feine Ringe schneiden. Die Champignons putzen.

5 Fisch, Zwiebeln, Chillie und Pilze in den Förmchen verteilen. Die Kokosmilch mit 1–2 EL Wasser verdünnen und hinzufügen.

6 Den Deckel auf die Förmchen setzen und in den kalten Backofen stellen. Das Curry bei 180° (Umluft 160°) 45 Min. garen.

7 Etwas Zwiebellauch abspülen, in feinste Ringe schneiden und über das fertige Curry streuen. Das Fischcurry mit Reis servieren.

TIP!

Super schmeckt dazu Kokosreis:
Unter 100 g (Rohgewicht) gegarten Reis mischen Sie 1/8 l Kokosmilch und 1 EL Kokosflocken. Sie können Langkornreis verwenden, aber besonders fein und passend zu diesem Curry ist Basmatireis.
Restliche Kokosmilch in Eiswürfelschalen füllen und einfrieren. So haben Sie jederzeit kleine Portionswürfel, die auch für exotische Drinks gut geeignet sind.

Im Bild oben: Fischcurry
Im Bild unten:
Exotisches Fischfilet

Fleisch mit Tiefgang

Gerade große Fleischstücke mit längerer Garzeit verwandeln sich im Römertopf durch langsames, geduldiges Schmoren bei niedrigen Temperaturen in köstliche Braten. Der Römertopf gibt genügend Dampf ab und das Fleisch schmort sanft im eigenen Saft. Dabei kann der Braten unbesorgt 10–20 Min. länger als angegeben im Ofen bleiben (etwa wenn Gäste sich verspäten): Nichts trocknet aus oder brennt an.

Die Garzeiten im Römertopf

Im allgemeinen rechnet man im Römertopf 15–20 Min. mehr Bratzeit als in herkömmlichen Brätern. Das verbraucht kaum mehr Energie, weil das Anbraten bei großer Hitze wegfällt. Auch auf eine leckere Kruste oder Bräunung müssen Sie nicht verzichten: Wenn Sie während des Garens in den letzten 15 Min. den Deckel entfernen, bekommt das Fleisch noch die richtige Bräune.

Sauce muß sein!

Sollte Ihnen der eigene Fleischsaft oder die angegebene Flüssigkeitsmenge als Sauce nicht ausreichen, so gießen Sie nach Belieben noch etwas warmes Wasser, Fleischbrühe oder Wein während des Bratvorganges zu. Bei kalter Flüssigkeitszugabe könnte der heiße Römertopf springen!

Die Größe muß stimmen!

Beim Schmoren von Fleisch im Römertopf ist ganz wichtig, keine zu große Form zu verwenden. Die Größe des Römertopfes sollte dem Braten angepaßt sein. Der Topfinhalt darf nicht überquellen, aber auch nicht gerade nur den Boden bedecken. Nur so erhalten Sie einen saftigen und zarten Braten.

Fleisch mit Tiefgang

Fleisch richtig einkaufen

Bekanntlich fängt gutes Essen mit dem Einkaufen an. Ob Sie nun Geflügel, Schwein, Rind, Kalb, Lamm oder Wild zubereiten möchten, auch aus preiswerteren Fleischstücken lassen sich im Römertopf hochwertige Gerichte zubereiten. Es muß kein teures Filet sein, ein saftiges Stück Schweinekamm, Brustkern vom Rind oder ein durchwachsenes Stück Lammnacken tun es auch. Sagen Sie Ihrem Metzger, daß Sie das Fleisch im Römertopf garen wollen. Ein guter, zuverlässiger Metzger wird Ihnen das richtige Stück Fleisch empfehlen. Mit der richtigen Würze und den passenden Zutaten im Römertopf vereint, können Sie so auch an Wochentagen einen Festschmaus zaubern.

Fleisch richtig vorbereiten

Von jedem Fleischstück sollten vor der Zubereitung Haut, Sehnen, Knorpel, grobes Fett und eventuelle Knochensplitter entfernt werden. Das Fleisch und vor allem Geflügel gründlich waschen und mit Küchenpapier abtrocknen.
Möchten Sie das Fleisch vor dem Garen durch Einlegen in eine Marinade mürber machen, so sind Buttermilch, ein Weinsud, Kräuter-Essigsud oder auch nur Öl dafür geeignet.

Fleisch richtig zubereiten

Im Römertopf zubereitet, erreichen Sie zwei Dinge: besten Geschmack und höchsten Nährwert. Durch die schonende Gartechnik bleiben Aroma und Eigengeschmack weitgehend erhalten. Besonders große Braten werden zart und butterweich, wenn sie bei niedriger Temperatur 3–4 Std. langsam im Ofen schmoren.

Beachten Sie bitte beim Aufschneiden, daß die Scheiben immer quer zur Fleischfaser geschnitten werden müssen!

Richtig Garen im Backofen

Erst wenn der geschlossene Römertopf im kalten Backofen steht, wird die Temperatur eingeschaltet. Bei einem Elektro- und Umluftherd können Sie sofort die angegebene Temperatur einschalten, da er sich schonend und langsam aufheizt. Bei einem sich sehr schnell aufheizendem Gasherd stellen Sie dagegen bitte erst Stufe 1–2 (150°–175°) ein, nach 5 Min. Stufe 3 (bis 190°) und erst nach weiteren 5 Min. die angegebene Temperatur. Beachten Sie, daß die angegebenen Temperaturen nur Richtwerte sind, da jeder Herd unterschiedlich heizt. Je öfter Sie Ihren Römertopf benutzen, um so mehr Erfahrung und Gefühl für die richtige Temperatur, Garzeit und Zubereitung werden Sie bekommen.
Nach dem Garen im Backofen nehmen Sie den Braten aus der Form und schneiden ihn auf (siehe links). Zum Servieren am Tisch ist der Tontopf genau richtig: Er hält das

Fleisch warm – auch ohne Stövchen oder Heizplatte.

Mikrowelle – ja oder nein

Für das Garen in der Mikrowelle ist der Römertopf weniger geeignet, da hierbei das für ihn typische »langsame Dampfschmoren« nicht möglich ist. Die Mikrowellen durchdringen den Ton, die Form darf vorher auch nicht gewässert werden, denn durch das aufgesogene Wasser würde die Form zu heiß und könnte springen. Der Handel bietet inzwischen mikrowellengeeignete Tonformen an, die Gebrauchsanweisungen liegen den jeweiligen Töpfen bei.

Champignonhähnchen

- Für Gäste
- Gelingt leicht

Für 4 Personen:

1 Poularde (etwa 1,4 kg)
2 EL Zitronensaft
Salz • weißer Pfeffer
1 Bund Petersilie
250 g Schalotten
2 Knoblauchzehen
250 g kleine Champignons
1 Bouquet garni (siehe Tip)
1 Lorbeerblatt
1 TL unbehandelte, abgeriebene Zitronenschale
1/4 l trockener Weißwein (ersatzweise Fleischbrühe)
2 EL Butter
2 EL gehackte Petersilie nach Belieben

Vorbereitungszeit: 30 Min.
Garzeit: 1 Std. 35 Min.

Pro Portion ca.: 1979 kJ/473 kcal
47 g Ew/19 g F/17 g Kh

1 Den Römertopf wässern. Die Poularde gründlich waschen, mit Küchenpapier abtrocknen. Innen und außen mit dem Zitronensaft bestreichen, kräftig mit Salz und Pfeffer würzen. Die Petersilie waschen und in die Bauchöffnung legen. Die Keulen mit Küchengarn zusammenbinden.

2 Die Schalotten und den Knoblauch schälen. Die Pilze putzen. Die Poularde in den Römertopf legen. Schalotten, Knoblauch, Champignons, Kräuter und Zitronenschale um die Poularde verteilen. Den Weißwein angießen und die Butter in kleinen Flöckchen auf die Poularde setzen.

3 Den Römertopf schließen und in den kalten Backofen stellen. Bei 220° (Umluft 200°) 1 Std. 35 Min. garen. Nach Belieben mit Petersilie bestreuen. Servieren Sie dazu Reis oder Baguette und einen frischen, knackigen Blattsalat.

TIP!

Für ein Bouquet garni (gemischtes Kräutersträußchen) werden immer frische Kräuter zusammengebunden. Für dieses Rezept sind Rosmarin, Salbei und Thymian passend.

Scharfes Knoblauchhähnchen

- Für Gäste
- Braucht etwas Zeit

Für 4 Personen:

1 Poularde (etwa 1,4 kg)
4 EL Olivenöl
4 cl Cognac (ersatzweise Apfelsaft)
Salz • schwarzer Pfeffer
1 TL Paprikapulver, rosenscharf
1/4 TL Cayennepfeffer
1 Knolle Knoblauch
3 frische rote Chilischoten
1 Bouquet garni (siehe Tip)
2 Lorbeerblätter
1/4 l Geflügelbrühe (Instant)
400 g Kartoffeln
300 g Tomaten
125 g gefüllte grüne Oliven

Vorbereitungszeit: 1 1/2 Std.
Garzeit: 1 Std. 35 Min.

Pro Portion ca.: 2468 kJ/590 kcal
50 g Ew/25 g F/36 g Kh

1 Den Römertopf wässern. Die Poularde in 8–10 Teile zerlegen, abspülen und trockentupfen.

2 Das Öl mit Cognac, Salz, Pfeffer, Paprika und Cayennepfeffer verrühren. Die Hähnchenteile gründlich mit dieser Mischung bestreichen.

3 Den Knoblauch schälen. Die Chilischoten längs durchschneiden und entkernen. Das Fleisch mit den Knoblauchzehen und Chilischoten in den Römertopf schichten. Das Kräutersträußchen und die Lorbeerblätter darauf legen. Die Brühe angießen und die Form schließen. Den Römertopf in den kalten Backofen stellen und das Hähnchen bei 220° (Umluft 200°) 1 Std. 10 Min. garen.

4 Inzwischen die Kartoffeln schälen, waschen und in kleine Würfel schneiden. In Salzwasser 10 Min. garen, danach das Kochwasser abgießen. Die Tomaten waschen, halbieren, die Stielansätze entfernen und Tomaten in Scheiben schneiden.

5 Kartoffeln, Tomaten und Oliven auf den Hähnchenstücken verteilen. Leicht salzen und pfeffern und nochmals für 25 Min. in den Backofen stellen. In der Form zu Tisch bringen.

Normannisches Hähnchen

● Für Gäste
● Spezialität aus Frankreich

Für 4 Personen:

1 Poularde (etwa 1,4 kg)
Salz • weißer Pfeffer
3 Äpfel (Jonagold, Boskop)
1 Zweig frischer Rosmarin
2 Orangen
4 Schalotten
3 EL Butter
1/4 l Cidre (Apfelwein, ersatzweise Apfelsaft)
2 cl Calvados (ersatzweise Apfelsaft)
100 g saure Sahne

Vorbereitungszeit: 50 Min.
Garzeit: 1 Std. 35 Min.

Pro Portion ca.: 2455 kJ/587 kcal
47 g Ew/28 g F/37 g Kh

1 Den Römertopf wässern. Die Poularde gründlich waschen, mit Küchenpapier trockenreiben. Innen und außen mit Salz und Pfeffer würzen. 1 Apfel waschen und mit dem Rosmarin in die Bauchöffnung legen.

2 Die Keulen mit Küchengarn zusammenbinden.

3 Die Orangen auspressen, Schalotten schälen und halbieren. 2 EL Butter in einem Pfännchen leicht anbräunen und zur Seite stellen. Den zweiten Apfel schälen, vierteln, das Kerngehäuse entfernen und in kleine Stücke schneiden.

4 Die Poularde in den Römertopf legen, Schalotten- und Apfelstücke dazulegen. Die Butter mit einem Küchenpinsel auf der Poularde verstreichen. Orangensaft und Cidre angießen, die Form schließen.

5 Den Römertopf in den kalten Backofen stellen und die Poularde bei 220° (Umluft 200°) 1 Std. 35 Min. schmoren.

6 Inzwischen den dritten Apfel schälen, vierteln, das Kerngehäuse entfernen und in dünne Spalten schneiden. Restliche Butter erhitzen, die Apfelspalten darin anbraten, mit dem Calvados ablöschen.

7 Die Poularde aus dem Römertopf heben. Die Sahne in die Flüssigkeit rühren. Die Poularde in Portionsstücke zerteilen. Dazu Apfelspalten und Risotto (siehe Tip) servieren.

TIP!

Während das Hähnchen im Ofen schmort, können Sie als ideale Beilage Rosmarinrisotto zubereiten. Dafür 2 Schalotten schälen und klein würfeln. Die Rosmarinnadeln von einem Zweig fein hacken. 2 EL Butter in einem Topf erhitzen, Schalottenwürfel und Rosmarin anschwitzen. 200 g Risottoreis (zum Beispiel Arborio) hinzufügen und 3 Min. glasig andünsten. 1/2 l Hühnerbrühe dazugießen, leicht mit Salz und Pfeffer würzen. Bei schwacher Hitze abgedeckt 20 Min. garen.

Gefüllte Putenröllchen

- Gelingt leicht
- Gut vorzubereiten

Für 4 Personen:

2 Knoblauchzehen
1 Zweig frischer Rosmarin
je 1/2 Bund frischer
Thymian, Basilikum und
Petersilie
8 EL Öl
schwarzer Pfeffer
3 Prisen Cayennepfeffer
4 große, dünne Puten-
schnitzel (je 200 g)
2 Dosen geschälte
Tomaten (je 800 g Inhalt)
2 Zwiebeln
Salz
1 1/2 TL Zucker
8 dünne Scheiben
Räucherspeck
200 g milder Schafkäse
100 g Crème fraîche

Vorbereitungszeit: 1 Std.
Garzeit: 1 Std. 10 Min.

Pro Portion ca.: 3731 kJ/892 kcal
61 g Ew/59 g F/30 g Kh

1 Den Knoblauch schälen und in ein Schüsselchen pressen. Rosmarin, Thymian, Basilikum und Petersilie ohne die groben Stiele kleinschneiden. 6 EL Öl mit Knoblauch, Kräutern, Pfeffer und Cayennepfeffer mischen.

2 Das Putenfleisch auf einer Arbeitsfläche von beiden Seiten leicht klopfen, dann quer durchschneiden und mit der Ölmischung bestreichen. Die Scheiben zusammen-

klappen und zur Seite stellen. Den Römertopf wässern.

3 Die Tomaten in einem Sieb etwas abtropfen lassen und grob zerteilen. Die Zwiebeln schälen und in kleine Würfel schneiden. Restliches Öl in einem Topf erhitzen, die Zwiebelwürfel andünsten. Tomaten hinzufügen, pikant mit Salz, Pfeffer und Zucker abschmecken.

4 Die Putenscheiben auseinanderklappen und jeweils mit 1 Speckscheibe belegen. Den Schafkäse dünn aufschneiden und darauf verteilen. Die Scheiben zusammenrollen und mit kleinen Holzspießchen feststecken.

5 Die Tomaten in den Römertopf füllen. Die Putenröllchen leicht in das Tomatenbett drücken und die Form schließen.

6 Den Römertopf in den kalten Backofen stellen und die Putenröllchen bei 220° 1 Std. 10 Min. garen. 10 Min. vor Garzeitende auf jedes Röllchen 1 Klecks Crème fraîche setzen und ohne Deckel fertig garen. Mit Reis oder Kartoffelpüree servieren.

Truthahn-Rollbraten

- Für Gäste
- Gelingt leicht

Für 4–6 Personen:

800 g kleine Kartoffeln
1 Bund junge Möhren
(etwa 500 g)
3 Stangen Staudensellerie
3 kleine Zwiebeln
4 Knoblauchzehen
40 g weiche Butter
1 Truthahn-Rollbraten
(küchenfertig, etwa 1,2 kg)
Salz • schwarzer Pfeffer
60 g Räucherspeck in
dünnen Scheiben
2 Lorbeerblätter
4 Zweige Thymian
200 ml Geflügelfond
(aus dem Glas)
1/4 l Rotwein (ersatzweise
Geflügelfond)

Vorbereitungszeit: 50 Min.
Garzeit: 1 1/2 Std.

Bei 6 Personen pro Portion ca.:
2066 kJ/494 kcal
43 g Ew/10 g F/50 g Kh

1 Den Römertopf wässern. Kartoffeln schälen, waschen und vierteln. Möhren putzen, waschen und in 3–4 Stücke schneiden. Sellerie putzen, waschen und in 3 cm lange Stücke schneiden. Zwiebeln und Knoblauch schälen und halbieren.

2 Den Römertopf mit 2 EL Butter ausstreichen. Den Rollbraten mit Salz und Pfeffer würzen, in die Form setzen und mit den Speckscheiben belegen.

3 Die Kartoffeln und das Gemüse um den Rollbraten verteilen. Leicht salzen und pfeffern. Lorbeerblätter und Thymianzweige dazwischen legen.

4 Den Geflügelfond und Rotwein angießen, die Form schließen. Den Römertopf in den kalten Backofen stellen und den Rollbraten bei 220° (Umluft 200°) 1 1/2 Std. garen.

5 Zum Servieren des Rollbratens das Küchengarn entfernen, den Braten in Scheiben schneiden. Kartoffeln und Gemüse dazu anrichten.

VARIANTE

Natürlich können Sie den Rollbraten auch selbst wickeln. Hierfür das Fleisch (Brust oder entbeinte Oberkeule) mit der Hautseite nach unten legen und mit Pfeffer und Salz würzen. 200 g Egerlinge putzen und kleinhacken. 2 EL Butter erhitzen, darin 1 gewürfelte Schalotte, Pilze und gehackte Petersilie andünsten. Diese Farce auf das Fleisch streichen, zusammenrollen, mit Küchengarn einbinden und den Rollbraten wie beschrieben zubereiten.

TIP!

Für eine sämige Sauce können Sie die Bratflüssigkeit in ein Töpfchen gießen und mit je 2-3 EL Crème fraîche und Preiselbeeren aufkochen lassen.

Im Bild oben:
Truthahn-Rollbraten
Im Bild unten:
Gefüllte Putenröllchen

Pute unter der Haube

- Für Gäste
- Braucht etwas Zeit

Bewirten Sie Ihre Gäste einmal ganz originell. Jeder erhält sein eigenes Töpfchen.

Für 4 kleine Portions-Römertöpfchen:

500 g Putenschnitzel
weißer Pfeffer
Salz
2 EL Zitronensaft
1 TL unbehandelte abgeriebene Zitronenschale
je 1/4 TL Kreuzkümmel, Zimtpulver und gemahlene Nelken
1 EL scharfer Curry
2 Knoblauchzehen
1 Packung tiefgekühlter Blätterteig (450 g Inhalt)
60 g Pinienkerne
200 g kleine Egerlinge
4 Schalotten
250 g kleine kernlose Weintrauben
8 EL weißer Traubensaft
200 g Sahnejoghurt

Vorbereitungszeit: 1 Std.
Garzeit: 50 Min.

Pro Portion ca.: 3146 kJ/752 kcal
41 g Ew/41 g F/58 g Kh

1 Vom Putenfleisch alle Häutchen und Sehnen entfernen und das Fleisch in etwa 2 cm große Würfel schneiden.

2 Das Fleisch mit Pfeffer, Salz, Zitronensaft und -schale, Kümmel, Zimt, Nelken und Curry würzen. Den Knoblauch schälen und dazupressen. Alles gut mischen und zur Seite stellen.

3 1 Scheibe Blätterteig auftauen lassen. Die Pinienkerne ohne Fett in einer kleinen Pfanne goldgelb anrösten. Die Pilze putzen und dann halbieren.

4 Die Teigplatte quer etwas ausrollen. Das Unterteil eines Römertöpfchens leicht in den Teig drücken und den Teig 1 cm breiter als diese runde Kontur (am besten mit einer Küchenschere) ausschneiden.

5 Die Römertöpfchen 10 Min. wässern. Die Schalotten schälen und vierteln. Die Weintrauben waschen, größere Beeren halbieren.

6 Die Töpfchen nebeneinanderstellen. Das Putenfleisch, die Pinienkerne, Egerlinge, Schalotten und Weintrauben gleichmäßig verteilen. Den Traubensaft mit dem Joghurt verrühren und gleichmäßig über jede Portion geben.

7 Den Deckel auf die Förmchen setzen und in den kalten Backofen stellen. Die Putenwürfel bei 200° (Umluft 180°) 30 Min. garen.

8 Inzwischen weitere 3 Blätterteigscheiben in 6–8 Min. auftauen lassen und diese genau wie die erste Teigplatte zuschneiden.

9 Die Förmchen aus dem Ofen nehmen und den Deckel entfernen. Auf jede Portion 1 Teigscheibe legen, die Ränder gut andrücken und die Förmchen für 20 Min. zurück in den Backofen stellen.

10 Ist die Blätterteighaube goldgelb und schön aufgegangen, die

Förmchen vorsichtig aus dem Ofen nehmen und sofort servieren.

TIP!

Diese Köstlichkeit, die sich unter einem Blätterteigmantel verbirgt, können Sie als gehaltvollen Auftakt eines Menüs servieren oder als feines Abendessen!

Pikanter Hackbraten

- Preiswert
- Gelingt leicht

Für 4–6 Personen:

2 Brötchen vom Vortag
30 g getrocknete
Mischpilze
4 Zwiebeln
2 Knoblauchzehen
100 g Räucherspeck
1 rote Paprikaschote
2 EL Kapern
1 Bund Petersilie
800 g gemischtes
Hackfleisch
3 EL Semmelbrösel
2 Eier • Salz • Pfeffer
je 1/2 TL Thymian, Kümmel
und Paprika, rosenscharf
2 EL Tomatenmark
2 EL mittelscharfer Senf
1 TL Mehl
100 g Crème fraîche

Vorbereitungszeit: 1 Std.
Garzeit: 1 Std. 20 Min.

Bei 6 Personen pro Portion ca.:
2313 kJ/553 kcal
33 g Ew/36 g F/24 g Kh

1 Den Römertopf wässern. Die Brötchen und Pilze jeweils in heißem Wasser einweichen. 2 Zwiebeln und den Knoblauch schälen, in kleine Würfel schneiden. Die Hälfte des Specks klein würfeln, den Rest in dünne Scheiben schneiden.

2 Die Paprikaschote waschen, halbieren und putzen, dann in kleine Würfel schneiden. Die Kapern grob hacken. Die

Petersilie waschen, die Blättchen fein hacken.

3 Das Hackfleisch in eine Schüssel geben. Die Brötchen gut ausdrücken und dazugeben. Die Pilze durch ein Sieb gießen, kleinhacken und hinzufügen. Zwiebeln, Knoblauch, Speck und Paprika, Kapern und Petersilie dazugeben. Alles mit Semmelbröseln, Eiern, Gewürzen, Tomatenmark und Senf vermengen.

4 Aus dem Hackfleisch einen länglichen Laib formen. In den Römertopf legen und mit den Speckscheiben belegen.

5 Restliche Zwiebeln schälen, vierteln und in der Form verteilen. 1/8 l Wasser angießen und den Topf schließen. In den kalten Backofen stellen und bei 220° (Umluft 200°) 1 Std. 20 Min. garen.

6 Den Hackbraten aus der Form heben und in Scheiben schneiden. Mehl und Crème fraîche verrühren. Flüssigkeit in ein Töpfchen abgießen, mit der Crème fraîche binden. Hackbraten mit der Sauce und Salzkartoffeln oder Kartoffelpüree servieren.

Rahm-Krautwickerl

- Gelingt leicht
- Spezialität aus Bayern

Für 4–6 Personen:

Salz
1 1/2 TL Kümmel
1 mittelgroßer Weißkohlkopf (etwa 1,2 kg)
30 g getrocknete Pilze
1 1/2 Brötchen vom Vortag
400 g Hackfleisch
1 Zwiebel • 2 Eier
je 1/2 TL Majoran
und Thymian
1 TL Paprika, rosenscharf
schwarzer Pfeffer
1 Packung Tomatenstückchen (370 g Inhalt)
1 TL Zucker
250 g saure Sahne
1 TL Mehl

Vorbereitungszeit: 1 Std.
Garzeit: 1 1/2 Std.

Pro Portion ca.: 1447 kJ/346 kcal
18 g Ew/22 g F/22 g Kh

1 Etwa 2 l Salzwasser mit 1 TL Kümmel in einem Topf aufkochen lassen.

2 Weißkohl putzen, den Strunk herausschneiden und 12 große Blätter ablösen. Die Kohlblätter im kochenden Wasser 3 Min. blanchieren. Herausheben und abtropfen lassen.

3 Die Pilze und Brötchen getrennt in heißem Wasser einweichen. Den Römertopf wässern.

4 Die Zwiebel schälen, klein würfeln und mit

den Eiern und Fleisch in eine Schüssel geben. Die Brötchen und Pilze ausdrücken. Pilze kleinhacken, beides zum Hackfleisch geben. Mit Kümmel, Salz, Majoran, Thymian, Paprika und Pfeffer kräftig abschmecken. Die Masse gründlich vermengen.

5 Das Hackfleisch auf den Kohlblättern verteilen, die Blätter seitlich einschlagen und fest auf rollen.

6 Die Tomatenstückchen im Römertopf verteilen. Mit Zucker, Pfeffer und etwas Salz würzen. Die saure Sahne mit Mehl verquirlen und untermischen. Die Krautwickerl dicht nebeneinander auf das Tomatenbett legen.

7 Den Römertopf in den kalten Backofen stellen. Bei 220° (Umluft 200°) 1 1/2 Std. garen. 10 Min. vor Ende der Garzeit die Krautwickerl ohne Deckel anbräunen lassen. Dazu schmecken Salzkartoffeln.

Im Bild oben:
Pikanter Hackbraten
Im Bild unten:
Rahm-Krautwickerl

Lammkeule

- Braucht etwas Zeit
- Für Gäste

Um eine Lammkeule perfekt zuzubereiten, braucht es Fingerspitzengefühl und Erfahrung. Entweder Sie garen das Fleisch bei hoher Temperatur – dabei bleibt die Keule innen noch sehr rosa – oder Sie schmoren sie, wie in diesem Rezept angegeben, ganz langsam bei niedriger Temperatur butterweich.

Für 6 Personen:

1 Lammkeule (etwa 2 kg)
je 1 TL Koriander- und schwarze Pfefferkörner
Salz
1/2 TL getrockneter Thymian
Cayennepfeffer
100 ml Olivenöl
5 Knoblauchzehen
5 Zwiebeln
2 Lorbeerblätter
1 Zweig Rosmarin
1/2 l Fleischbrühe (Instant)

Vorbereitungszeit: 1 Std.
Garzeit: 3–4 Std.

Pro Portion ca.: 2865 kJ/685 kcal
40 g Ew/52 g F/12 g Kh

1 Den Römertopf wässern. Von der Lammkeule Sehnen, Haut und grobes Fett abschneiden. Das Fleisch abspülen und trockenreiben.

2 Die Koriander- und Pfefferkörner in einem Mörser zerstoßen. Mit Salz, Thymian und Cayennepfeffer mischen. Das Olivenöl hinzufügen. Den Knoblauch schälen und dazupressen. Mit dieser Mischung das Fleisch bestreichen.

3 Die Zwiebeln schälen und vierteln. Die Lammkeule in den gewässerten Römertopf legen, die Zwiebeln darum verteilen. Die Lorbeerblätter und den Rosmarin dazulegen.

4 Die Fleischbrühe angießen und die Form schließen. Den Römertopf in den kalten Backofen stellen und die Lammkeule bei 175° (Umluft 160°) 3–4 Std. schmoren lassen (zwischendurch eventuell noch Brühe nachgießen, die Keule sollte mit der Unterseite immer in etwas Flüssigkeit liegen).

5 Mit einem Küchenpinsel vorsichtig die Bratrückstände von den Wänden ablösen, die Sauce eventuell etwas entfetten, indem Sie das Fett mit einem kleinen Schöpflöffel von der Bratflüssigkeit abschöpfen.

6 Das Fleisch in Scheiben schneiden und mit den Bohnen servieren. Dazu schmecken Petersilien- oder Folienkartoffeln und grüne Bohnen in Knoblauchbutter.

TIP!

Wenn Ihnen die Sauce nicht reicht, können Sie den Bratenfond etwas verlängern und mit fertigem Lammfond (aus dem Glas) aufkochen lassen. Die Sauce mit Crème fraîche und Rotwein abschmecken. Tiefgefrorene Lammkeulen sollten Sie langsam im Kühlschrank auftauen lassen. Mit der Ölmischung (ohne Salz!) bestreichen und am besten in einem Gefrierbeutel einige Stunden durchziehen lassen. Die Keule erst unmittelbar vor dem Braten mit Salz würzen.

Fleisch mit Tiefgang

Schweinebraten mit Kruste

- Gelingt leicht
- Spezialität aus Bayern

Für 4–6 Personen:

1,5 kg Schweinebraten mit Schwarte (Oberschale)
Salz • schwarzer Pfeffer
1 TL Kümmel
2 Zwiebeln
2 Knoblauchzehen
2 kleine Tomaten

Vorbereitungszeit: 25 Min.
Garzeit: 2 Std. 15 Min.

Bei 6 Personen pro Portion ca.:
3317 kJ/793 kcal
44 g Ew/65 g F/8 g Kh

1 Den Römertopf wassern. Die Schwarte mit einem scharfen Messer rautenförmig einschneiden. Das Fleisch rundum kräftig mit Salz, Pfeffer und dem Kümmel würzen.

2 Den Braten mit der Schwarte nach unten in den Römertopf legen. 1/4 l Wasser angießen, die Form schließen und in den kalten Backofen stellen. Den Braten bei 220° (Umluft 200°) 45 Min. schmoren lassen.

3 Inzwischen die Zwiebeln und den Knoblauch schälen, Zwiebeln halbieren. Die Tomaten waschen.

4 Das Fleisch umdrehen. Zwiebeln, Knoblauch und Tomaten hinzufügen, eventuell noch etwas Wasser zugießen und 1 weitere Std. garen lassen.

5 Den Deckel entfernen und die Temperatur auf 250° (Umluft 230°) erhöhen. Den Braten in 30 Min. knusprig braten, zwischendurch mehrmals mit der Bratflüssigkeit begießen. Anschließend aus der Form heben und in Scheiben schneiden. Dazu schmecken Sauerkraut und Kartoffelklöße.

VARIANTE

Schweinebraten in Biersauce:
1 kg mageres Schweinefleisch (Nacken) mit Salz, Pfeffer und Kümmel würzen und mit etwas Wurzelgemüse (Möhren, Lauch, Sellerie und Zwiebeln) in den Römertopf legen. 1/2 l helles Bier dazugießen und knapp 2 Std. schmoren lassen. Mit Salzkartoffeln servieren.

Fleisch mit Tiefgang 45

Geschmorte Kalbshaxen

- Für Gäste
- Gelingt leicht

Für 4 Personen:

2 kleine Kalbshaxen
(etwa 2 kg)
Salz • Pfeffer
1 TL Paprikapulver,
edelsüß
2 Zwiebeln
3 Knoblauchzehen
1 Möhre
1/4 Knollensellerie
2 Tomaten
50 g Räucherspeck
je 2 Prisen gemahlene
Nelken und Muskat
2 EL weiche Butter
200 ml Kalbsfond
(aus dem Glas)
1 TL Mehl
100 g Crème fraîche

Vorbereitungszeit: 50 Min.
Garzeit: 2 Std.

Pro Portion ca.: 3146 kJ/752 kcal
99 g Ew/31 g F/16 g Kh

1 Den Römertopf wässern. Von den Kalbshaxen Haut und Sehnen entfernen. Sind die Knochen zu lang, eventuell ein Stück abhacken, damit sie bequemer in den Topf passen. Das Fleisch von allen Seiten mit Salz, Pfeffer und Paprika würzen.

2 Zwiebeln, Knoblauch, Möhre und Sellerie schälen. Tomaten waschen, den Stielansatz entfernen. Alles in Scheiben schneiden. Den Speck klein würfeln. Gemüse und Speck im Römertopf verteilen. Leicht salzen, pfeffern, mit Nelken und Muskat bestreuen.

3 Die Kalbshaxen auf das Gemüsebett legen und mit der Butter bestreichen. Den Fond angießen, die Form schließen und in den kalten Backofen stellen. Die Kalbshaxen bei 220° (Umluft 200°) 2 Std. schmoren lassen.

4 20 Min. vor Garzeitende den Deckel entfernen und die Haxen bräunen lassen. Zwischendurch öfter mit dem Bratenfond begießen.

5 Bratenflüssigkeit in einen kleinen Topf abgießen. Mehl und Crème fraîche verrühren und in die Sauce rühren. Bei mittlerer Hitze kurz aufköcheln lassen. Das Fleisch von den Knochen lösen und in Scheiben schneiden.
Servieren Sie kleine Semmelknödel, Buttererbsen und einen frischen Salat dazu.

Fleisch mit Tiefgang

Bohnen-Fleischtopf

- Braucht etwas Zeit
- Gelingt leicht

Für 4–6 Personen:

3 Zwiebeln
5 Knoblauchzehen
4 EL Butterschmalz
500 g Rindergulasch
500 g Schweinegulasch
Salz • schwarzer Pfeffer
1 Möhre
1 großes Stück unbehandelte Zitronenschale
1/2 Bund Thymian
1 Zweig Rosmarin
2 Lorbeerblätter
1 TL Pfefferkörner
1/2 l Fleischbrühe (Instant)
3 EL Tomatenmark
1 kg dicke Bohnen in der Hülse (ersatzweise 250 g tiefgefrorene dicke Bohnen)
1 Bund Petersilie

Vorbereitungszeit: 1 1/4 Std.
Garzeit: 2 Std.

Bei 6 Personen pro Portion ca.:
3146 kJ/682 kcal
51 g Ew/44 g F/19 g Kh

1 Den Römertopf wässern. Die Zwiebeln und den Knoblauch schälen, die Zwiebeln in grobe Würfel schneiden.

2 In einer großen Pfanne das Schmalz erhitzen und das Fleisch portionsweise rundum kräftig anbraten. Mit Salz und Pfeffer würzen und in den Römertopf geben. Im Bratfett Zwiebeln und Knoblauch andünsten, zum Fleisch geben.

3 Die Möhre schälen, in Scheiben schneiden und im Topf verteilen. Zitronenschale, Thymian, Rosmarin, Lorbeerblätter und Pfefferkörner hinzufügen. Die Brühe mit dem Tomatenmark vermischen und dazugießen. Die Form schließen, in den kalten Backofen stellen und das Fleisch bei 180° (Umluft 160°) 2 Std. schmoren lassen.

4 Während das Fleisch gart, die Bohnen aus der Hülse palen. Die Kerne in kochendem Wasser 4 Min. blanchieren, kalt abschrecken und in einem Sieb abtropfen lassen. (Tiefgefrorene Bohnen direkt in den Römertopf geben.)

5 25 Min. vor Ende der Garzeit den Römertopf öffnen und die Bohnen unter das Fleisch rühren.

6 Die Petersilie waschen, die Blättchen fein hacken. Über das fertige Gericht streuen und in der Form servieren.
Dazu schmecken kleine Salzkartoffeln oder Baguette.

Lammragout

🟢 Gelingt leicht
🔴 Gut vorzubereiten

Für 4 Personen:

800 g Lammfleisch ohne Knochen (Schulter, Hals)
weißer Pfeffer
2 EL Zitronensaft
4 Zwiebeln
4 Knoblauchzehen
30 g frischer Ingwer
50 g Butterschmalz
Salz
3 EL Curry
2 EL Mehl
800 ml Lammfond (aus dem Glas)
250 ml Rotwein (ersatzweise Lammfond)
2 Bund gehackter Schnittlauch

Vorbereitungszeit: 50 Min.
Garzeit: 2 1/4 Std.

Bei 6 Personen pro Portion ca.:
2062 kJ/493 kcal
45 g Ew/20 g F/22 g Kh

1 Den Römertopf wässern. Das Fleisch waschen und mit Küchenpapier trockentupfen. In 3 cm große Würfel schneiden. Mit Pfeffer und Zitronensaft würzen und 20 Min. durchziehen lassen.

2 Die Zwiebeln, den Knoblauch und Ingwer schälen. Zwiebeln in Spalten, Knoblauch und Ingwer in kleine Würfel schneiden.

3 Das Butterschmalz in einer Pfanne erhitzen und die Lammfleischwürfel von allen Seiten kräftig anbraten. Salzen und in den Römertopf füllen. Zwiebeln, Knoblauch und Ingwer zwischen dem Fleisch verteilen.

4 Das Currypulver mit dem Mehl mischen und über das Fleisch streuen. Lammfond und Rotwein angießen und die Form schließen.

5 Den Römertopf in den kalten Backofen stellen und das Ragout bei 200° (Umluft 180°) 2 1/4 Std. schmoren lassen. Mir dem Schnittlauch bestreut servieren.
Dazu schmeckt Reis oder auch Baguette mit Bohnengemüse.

Kaninchen in Rotwein

- Für Gäste
- Braucht etwas Zeit

Kaninchen haben helles, fettarmes und zart schmeckendes Fleisch, dem die passenden Kräuter und Gewürze ein wunderbares Aroma verleihen. Hier wird das Kaninchen in einer Rotweinmarinade mit vielen Gewürzen eingelegt, bevor es dann im Römertopf mit Schalotten, Knoblauch und Thymian sanft schmort. Guten Appetit!

Für 4–6 Personen:

1/2 l trockener Rotwein
1 Zwiebel
1 Knoblauchzehe
1 Möhre
2 Lorbeerblätter
2 Nelken
je 8 Pfefferkörner und Wacholderbeeren
1 küchenfertiges junges Kaninchen (etwa 1,4 kg)
Salz • schwarzer Pfeffer
2 EL Butter
3 EL Olivenöl
2 EL mittelscharfer Senf
200 g Schalotten
3 Knoblauchzehen
1 Bund frischer Thymian
1 langes Stück Schale von 1 unbehandelten Zitrone
100 g Sahne
2 EL gehackte Petersilie

Vorbereitungszeit: 1 1/2 Std.
Marinierzeit: 12 Std.
Garzeit: 2 Std.

Bei 6 Personen pro Portion ca.:
1933 kJ/455 kcal
37 g Ew/22 g F/13 g Kh

1 Den Rotwein in einen Topf gießen. Zwiebel, Knoblauch und Möhre schälen, alles grob zerschneiden und zum Wein geben. Lorbeerblätter, Nelken, Pfefferkörner und Wacholderbeeren hinzufügen. Den Wein bis zum Siedepunkt erhitzen, die Marinade abkühlen lassen.

2 Das Kaninchen mit einem scharfen Messer in 6–8 Stücke zerteilen (in Vorder- und Hinterläufe, den Rücken in 2–4 Teile) Alle Häutchen und Sehnen entfernen.

3 Die Teile waschen und in die Marinade legen. 12 Std. abgedeckt durchziehen lassen.

4 Den Römertopf wässern. Das Kaninchen aus der Marinade nehmen und trockentupfen. Mit Salz und Pfeffer würzen.

5 In einer Pfanne die Butter mit dem Olivenöl erhitzen, die Kaninchenteile rundum 10 Min. anbraten.

6 Das Fleisch in den Römertopf legen und leicht mit dem Senf bestreichen. Die Schalotten und den Knoblauch schälen und mit dem Thymian und der Zitronenschale dazwischen verteilen. Den Rotwein durch ein Sieb dazugießen.

7 Die Form schließen und in den kalten Backofen stellen. Das Kaninchen bei 180° (Umluft 160°) 2 Std. schmoren.

8 Die Kaninchenteile aus der Form heben und die Sahne unter den Rotwein rühren. Das Fleisch zurücklegen, mit Petersilie bestreuen und in der Form servieren.
Dazu schmecken Nudeln oder Klöße und frische Pfifferlinge.

TIP!

In Italien und Frankreich ist das Kaninchen als preiswerter und trotzdem feiner Sonntagsbraten schon seit langem sehr beliebt. Und auch bei uns findet man frische Kaninchen (meistens bereits geteilt) immer öfter in den Kühltheken der Supermärkte.
Falls Sie das Kaninchen nicht selbst zerteilen möchten, wird es der Wildhändler sicher gern übernehmen.
Sie können für dieses Gericht auch nur Keulen verwenden.

Wildschweinragout

● Braucht etwas Zeit
● Für Gäste

Für 4 Personen:

1 kg Wildschweinfleisch
(aus der Keule oder
Schulter)
Für die Marinade:
1 l Buttermilch
3 EL Weinessig
2 Knoblauchzehen
5 Wacholderbeeren
1 Lorbeerblatt
5 Pimentkörner
2 Nelken
Für das Ragout:
80 g durchwachsener
Räucherspeck
3 EL Butterschmalz
Salz • schwarzer Pfeffer
3 Zwiebeln
400 ml Wildfond
(aus dem Glas)
200 ml Weißwein
(ersatzweise Wildfond)
2 EL Mehl
200 g saure Sahne
2–3 EL Hagebutten-
marmelade

Vorbereitungszeit: 1 Std.
(+ 2 Tage Marinierzeit)
Garzeit: 1 1/2 Std.

Pro Portion ca.: 2995 kJ/716 kcal
63 g Ew/39 g F/17 g Kh

1 Das Fleisch abspülen
und trockentupfen. Fett
und Häutchen entfernen,
in 3 cm große Würfel
schneiden.

2 Für die Marinade die
Buttermilch mit dem Essig
in ein tiefes Gefäß gießen.
Den Knoblauch schälen
und in Scheiben schnei-

den. Die Wacholderbeeren
zerdrücken und mit den
Gewürzen zur Buttermilch
geben. Das Fleisch mit der
Marinade begießen und
abgedeckt 2 Tage kühl
stellen.

3 Den Römertopf wäs-
sern. Den Speck klein-
schneiden. In einer Pfan-
ne das Schmalz erhitzen,
den Speck anbraten. Das
Fleisch aus der Beize
nehmen, trockentupfen
und kräftig in dem Speck-
fett anbraten. Mit Salz
und Pfeffer würzen und
in den Römertopf füllen.

4 Die Zwiebeln schälen,
in grobe Würfel schneiden
und hinzufügen. Wildfond
und Wein angießen, die
Form schließen. Bei 220°
(Umluft 200°) 90 Min.
garen.

5 Das Mehl mit der Sahne verquirlen, unter das
Ragout rühren. Römer-
topf für 5 Min. in den
Backofen stellen, damit
das Mehl bindet. Ragout
mit der Hagebuttenmar-
melade abschmecken.
Dazu schmecken Salzkar-
toffeln oder Klöße und
ein frischer Salat.

Rehbraten mit Pilzen

● Für Gäste
● Spezialität

Für 4–6 Personen:

1 Rehrücken (etwa
1,5–2 kg, küchenfertig
vorbereitet)
10 Wacholderbeeren
2 Knoblauchzehen
3 EL Butter
Salz • Pfeffer
150 g fetter Speck in
dünnen Scheiben
2 Zwiebeln
2 Möhren
1 Stange Lauch
30 g getrocknete
Steinpilze
400 ml Wildfond
(aus dem Glas)
250 g Champignons
250 g Pfifferlinge
50 g Räucherspeck
1 Zwiebel
1 Bund Petersilie
2 EL Butterschmalz
400 g saure Sahne
1 EL Cognac nach Belieben
2 EL Johannisbeergelee

Vorbereitungszeit: 1 Std.
Garzeit: 2 Std.

Bei 6 Personen pro Portion ca.:
3832 kJ/916 kcal
64 g Ew/64 g F/29 g Kh

1 Den Römertopf wäs-
sern. Den Rehrücken wa-
schen und mit Küchen-
papier abtrocknen. Wa-
cholderbeeren zerdrücken,
Knoblauch schälen und
durchpressen.

2 Die Butter zerlassen,
das Fleisch damit bestreichen und mit Wacholder,

Knoblauch, Salz und
Pfeffer rundum würzen.
Dicht mit den Speck-
scheiben belegen und in
den Römertopf legen.

3 Die Zwiebeln und
Möhren schälen. Lauch
putzen, längs aufschnei-
den und gründlich wa-
schen. Alles grob zer-
kleinern und mit den
Steinpilzen um den Reh-
rücken verteilen. Den
Fond angießen und die
Form schließen. In den
kalten Backofen stellen
und den Rehrücken bei
200° (Umluft 180°) 2 Std.
schmoren.

4 In der Zwischenzeit die
Pilze putzen. Den Speck
in kleine Würfel schnei-
den, die Zwiebel schälen
und klein würfeln. Peter-
silie abspülen und fein
hacken.

5 Kurz vor Ende der Garzeit die Pilze zubereiten.
Dafür das Schmalz erhit-
zen, den Speck anbraten
und danach die Zwiebeln
andünsten. Die Pilze
untermischen, mit Salz
und Pfeffer würzen und
6–8 Min. schmoren las-
sen. Mit 4 EL Sahne und
der Petersilie vermischen.

6 Den Rehrücken aus der
Form heben, Filets ab-

lösen und in Scheiben schneiden. Gemüse und Bratfond durch ein Sieb drücken, die Sahne unterrühren und mit dem Cognac und Gelee abschmecken. Mit den Pilzen servieren.
Dazu schmecken Kartoffelplätzchen oder Salzkartoffeln und Preiselbeeren- oder Cranberrykompott.

Im Bild oben:
Wildschweinragout
Im Bild unten:
Rehbraten mit Pilzen

Fasan in Portwein

- Für Gäste
- Spezialität

Für 4 Personen:

2 junge küchenfertige
Fasane (je 700 g)
Salz
8 Wacholderbeeren
6 Pimentkörner
2 cl Cognac nach Belieben
2 EL weiche Butter
schwarzer Pfeffer
2 Zweige Thymian
120 g Räucherspeck
in dünnen Scheiben
1/8 l Portwein

Vorbereitungszeit: 2 Std.
Garzeit: 1 1/2 Std.

Pro Portion ca.: 2899 kJ/693 kcal
61 g Ew/41 g F/4 g Kh

1 Den Römertopf wässern. Fasane waschen und trockentupfen. Innen und außen mit Salz würzen. Wacholderbeeren und Pimentkörner im Mörser zerstoßen, nach Belieben mit Cognac, Butter und Pfeffer vermischen. Die Fasane innen mit dieser Würzpaste ausstreichen. Je 1 Thymianzweig in den Bauch legen.

2 Brust und Schenkel dicht mit Speck belegen, mit Küchengarn einbinden. Die Fasane in den Römertopf legen, den Portwein angießen und den Topf schließen. Bei 200° (Umluft 180°) 1 1/2 Std. garen.

3 15 Min. vor dem Ende der Garzeit das Küchengarn und die Speckscheiben von den Fasanen entfernen. Die Fasane mit etwas kaltem Salzwasser bepinseln und ohne Deckel bräunen lassen. Die Fasane längs zerteilen und servieren.
Dazu passen kleine Kartoffelplätzchen oder Semmelknödel und Rotkohl (siehe Tip).

TIP!

Servieren Sie als weitere Beilage Apfelrotkohl zum Fasan. Hierfür 1 kg Rotkohl in feine Streifen schneiden, mit 2 in Scheibchen geschnittenen Äpfeln und 1 Zwiebel, die mit 2 Nelken besteckt ist, in 2 EL Schmalz anschmoren. 1/4 l Wasser angießen, mit Zucker, Zimt, Salz und Pfeffer würzen. 1 Std. schmoren lassen.

Süß-saure Wildente

● Für Gäste
● Braucht etwas Zeit

Für 4 Personen:

1 junge küchenfertige
Wildente (etwa 1 kg)
Salz • Pfeffer
1 TL getrockneter Majoran
4 mittelgroße Zwiebeln
1 Apfel (zum Beispiel
Jonagold)
4 EL Butter
8 Pimentkörner
200 ml Hühnerfond
(aus dem Glas)
400 g Schalotten
1 EL Zucker
1 1/2 EL Weinessig
1/2 Bund Basilikum

Vorbereitungszeit: 1 Std.
Garzeit: 2 1/4 Std.

Pro Portion ca.: 1560kJ/373kcal
23 g Ew/16 g F/36 g Kh

1 Den Römertopf wässern. Die Ente waschen und trockentupfen. Den Bürzel abschneiden. Innen mit Salz, Pfeffer und Majoran würzen. 2 Zwiebeln schälen, mit dem Apfel in die Bauchöffnung stecken. Die Ente mit der Brust nach unten in den Römertopf legen.

2 2 EL Butter in einem kleinen Topf schmelzen lassen und die Ente damit bestreichen. Mit Salz und Pfeffer würzen. Den Römertopf schließen und die Ente bei 180° (Umluft 160°) 45 Min. braten.

3 Restliche Zwiebeln schälen, kleinwürfeln und in der restlichen Butter anbraten. Die Pimentkörner im Mörser zerstoßen und dazugeben.

4 Nach 45 Min. das Bratfett abschöpfen und die Ente auf den Rücken drehen. Zwiebelwürfel um die Ente verteilen, den Fond angießen und die Ente weitere 1 1/2 Std. garen.

5 20 Min. vor Garzeitende den Deckel entfernen, die Ente mit kaltem Salzwasser bestreichen und bräunen lassen.

6 Die Schalotten schälen. Etwas abgeschöpftes Entenfett in einer Pfanne erhitzen, die Schalotten bei mittlerer Hitze in 8 Min. goldgelb braten. Den Zucker einrühren und leicht anbräunen lassen. Mit 2 EL Wasser und dem Essig ablöschen.

7 Den Bratfond aus dem Römertopf zu den Schalotten gießen, alles 3 Min. durchköcheln lassen. Basilikum fein schneiden und unterrühren. Die Ente teilen und mit der Sauce servieren.
Dazu paßt Reis und Leipziger Allerlei.

Fleisch mit Tiefgang 53

Süßer Genuß

Vielleicht kam in grauer Vorzeit ein Jäger auf die Idee, sein erlegtes Rebhuhn zu rupfen, dann legte er in die Bauchöffnung duftende Wildkräuter und schlug es in wohlschmeckende Blätter ein. Und damit sein Festmahl nicht in der Glut des Feuers verbrannte, schmierte der kluge Jäger seinen Braten mit einer schützenden Lehmhülle ein.
Nach einigen Stunden nahm er das Huhn aus der heißen Asche, zerschlug den Tonmantel und duftendes, saftiges Fleisch erfreute seinen knurrenden Magen. Das könnte der Anfang der Geschichte des Römertopfes sein. Da es mühsam war, jedesmal eine neue Tonhülle zu fabrizieren, kamen Handwerker auf die Idee, Gefäße für den mehrmaligen Gebrauch zu formen. Im Laufe der Zeit wurden Teller, Schüsseln und Töpfe in unzähligen Tonformen geschaffen und immer weiter entwickelt. Darin garten dann die köstlichsten Speisen im eigenen Saft.

Warum heißt der Tontopf »Römertopf«?

Etwa 500 v.Chr. begann Rom seinen Herrschaftsbereich auszudehnen, eroberte fruchtbare Landstriche und wurde wohlhabend.
Die römischen Feldzüge verbreiteten römische Lebensweise in den eroberten Gebieten. Sie brachten neben Steinbrücken, Wasserleitungen, Amphitheatern und Thermen auch Terrakottakeramik, »italienische gebrannte Erde«, als Gebrauchsgeschirr für den Alltag. Die charakteristischen rötlichen Scherben finden sich in allen Ausgrabungsstätten römischer Siedlungen. Keramiker aus Italien wanderten entlang der Handels- und Heerstraßen, etwa nach Südfrankreich, ins Elsaß und andere Gegenden und gründeten dort Keramikwerkstätten.
Die römischen Legionäre erhielten ihre Verpflegung, also Getreide, Fleisch, Hülsenfrüchte, im Rohzustand. Alles kam in einen (Ton)Topf, der abends ins Lagerfeuer gestellt wurde. Der »Römertopf« war geboren.

Süßer Genuß 55

Kleine Form ganz groß

Der Handel bietet neben vielen unterschiedlich großen Römertöpfen auch kleine Bratapfel-Römertöpfchen an. Sie sind etwa 14 cm im Durchmesser groß und im unteren Innenteil glasiert. Sie haben eine Apfelform und der Deckelgriff ist ein Apfelstiel mit Blatt. Sie sind für Bratäpfel ideal, aber die Förmchen sind viel zu praktisch und schön, um sie nur während der Weihnachtszeit zu Ehren kommen zu lassen. Diese kleinen Förmchen lassen sich vielseitig für andere Gerichte verwenden: für herzhafte Suppen, Fisch und natürlich auch für einen kleinen süßen Auflauf. Rezeptideen finden Sie auf den Seiten 11, 14, 28, 38, 56, 58/59.
So bekommt jeder Gast sein eigenes kleines Tonförmchen!
Wenn Sie die Förmchen nach jeder Benutzung wieder gründlich säubern und mit Essigwasser ausspülen, wird jedes Gericht (auch eine Süßspeise) sein eigenes Aroma behalten.

Leckere Saucen als süße Begleiter

Die süßen Gerichte auf den folgenden Seiten schmecken mit feinen, hausgemachten Saucen noch köstlicher.
Die Aprikosensauce können Sie aus frischen oder Dosenfrüchten zubereiten, Himbeeren gibt es tiefgekühlt, und die klassische Vanillesauce schmeckt und paßt eigentlich immer. Ein weiteres Plus: Alle Saucen lassen sich prima vorbereiten!

Hausgemachte Vanillesauce
1 Vanilleschote
3/4 l Milch
1 1/2 EL Speisestärke
60 g Zucker
1 Ei
2 Eigelbe

Die Vanilleschote längs aufschlitzen, das Mark herauskratzen. Von der Milch 3 EL abnehmen, mit der Speisestärke verrühren. Die übrige Milch mit Vanillemark und der Schote aufkochen und wieder etwas auskühlen lassen. Den Zucker mit dem Ei und den Eigelben schaumig rühren. Mit der angerührten Stärke unter die Milch rühren und alles einmal aufkochen lassen. Die Schote entfernen und die Sauce kalt stellen.

Himbeersauce
500 g Himbeeren
1 TL Zitronensaft
50 g Puderzucker
20 ml Himbeergeist nach Belieben

Die Beeren verlesen, nur ganz kurz in einem Sieb abbrausen und auf Küchenpapier abtropfen lassen. Mit Zitronensaft und Puderzucker pürieren, anschließend das Mus durch ein Sieb streichen. Den Himbeergeist unterrühren.

Aprikosensauce
1 kg frische Aprikosen
125 g Zucker
1/4 l Weißwein (ersatzweise Apfelsaft)
Schale und Saft 1/2 unbehandelten Zitrone

Die Aprikosen überbrühen, kalt abschrecken, häuten und entsteinen. Früchte kleinschneiden, mit Zucker und Wein 20 Min. kochen. Zitronenschale und -saft untermischen und kalt stellen.

Variante aus Dosenfrüchten
1 Dose Aprikosenhälften (820 g Inhalt)
100 g Zucker
1 TL unbehandelte abgeriebene Zitronenschale
60 ml Aprikosenlikör nach Belieben

Die Früchte abtropfen lassen. Mit dem Pürierstab oder im Mixer pürieren und mit dem Zucker 10 Min. kochen. Erkalten lassen, Zitronenschale und Likör untermischen.

56 Süßer Genuß

Gefüllte Bratäpfel

● Gelingt leicht
● Preiswert

Für alle süßen Apfelrezepte eignen sich am besten feste und fruchtige Äpfel wie Boskop, Glockenapfel, Goldparmäne oder Golden Delicious.

Für 2 kleine Portions-Römertöpfchen:

2 große Äpfel
3 TL Butter • 1 TL Zucker
1 EL Quittengelee (ersatzweise Apfelgelee)
1 EL gehackte Walnüsse
2 Prisen Zimt

Vorbereitungszeit: 25 Min.
Garzeit: 40 Min.

Pro Portion ca.: 883 kJ/211 kcal
1 g Ew/7 g F/41 g Kh

1 Zwei kleine »Bratapfel-Römertöpfchen« 10 Min. wässern. Die Äpfel waschen und trockenreiben. Mit einem Apfelausstecher (nicht ganz durchstechen) oder einem kleinen spitzen Messer vorsichtig das Kerngehäuse entfernen.

2 1 TL Butter mit dem Zucker, Quittengelee, Nüssen und Zimt vermischen. Diese Masse in die Apfelhöhlung drücken. Jeweils 1 Apfel in ein Förmchen setzen und mit der restlichen Butter belegen.

3 Die Förmchen in den kalten Backofen stellen und die Äpfel bei 180° (Umluft 160°) 40 Min. garen.
Dazu schmeckt Vanillesauce.

VARIANTE

Wenn keine Kinder mitessen, die Äpfel zusätzlich mit Rumrosinen füllen. Oder 2 EL Rum oder Calvados über die fertigen Bratäpfel gießen und flambieren. Sollte der Apfel aus Versehen durchgestochen sein, mit 1 Würfelzucker von unten verschließen.

TIP!

Sie können natürlich auch mehrere Äpfel (pro Person einen) in einer großen Form zubereiten.

Quarkauflauf mit Sauerkirschen

- Gelingt leicht
- Spezialität

Für 4 Personen:

4 Brötchen vom Vortag
1/2 l Milch
600 g Sauerkirschen
4 Eier
70 g Butter
125 g Zucker
250 g Quark
1 Päckchen Bourbon-Vanillezucker

Vorbereitungszeit: 50 Min.
Garzeit: 1 Std. 10 Min.

Pro Portion ca.: 3338 kJ/798 kcal
28 g Ew/30 g F/81 g Kh

1 Den Römertopf wässern. Die Brötchen in dünne Scheiben schneiden. Die Milch erhitzen und über die eingeweichten Brötchen gießen. Brötchen 30 Min. einweichen. Inzwischen die Kirschen waschen und entsteinen.

2 Die Eier trennen. 60 g Butter mit den Eigelben und Zucker in einer großen Schüssel schaumig rühren. Die Brötchen ausdrücken und mit dem Quark und den Kirschen unter die Eiermasse rühren.

3 Die Eiweiße mit dem Vanillezucker steif schlagen und unter die Quarkmasse heben.

4 Den Römertopf mit der restlichen Butter ausfetten, den Quark einfüllen und die Form schließen. Den Römertopf in den kalten Backofen stellen und den Quarkauflauf bei 200° (Umluft 180°) 1 Std. 10 Min. backen.
Dazu schmeckt Vanillesauce.

TIP!

Sie können den Auflauf außerhalb der Sauerkirschensaison auch mit abgetropften Sauerkirschen aus dem Glas zubereiten.
Der Quarkauflauf schmeckt übrigens auch kalt sehr gut.

Apfelreis

- Gelingt leicht
- Preiswert

Für 4–6 Personen:

1 Vanilleschote
1 l Milch • Salz
1 TL Schale und Saft von
1 unbehandelte Zitrone
3 EL Zucker
180 g Milchreis
600 g Äpfel
4 EL Zimtzucker • 3 Eier
60 g weiche Butter
4 geriebene Zwieback

Vorbereitungszeit: 1 Std.
Garzeit: 50 Min.

Pro Portion ca.: 1958 kJ/468 kcal
12 g Ew/18 g F/66 g Kh

1 Den Römertopf wässern. Die Vanilleschote längs aufschlitzen und auskratzen. Die Milch mit 2 Prisen Salz, Vanillemark, Zitronenschale und 1 EL Zucker aufkochen. Den Reis einrühren, 15 Min. bei kleinster Hitze köcheln lassen. Zur Seite stellen.

2 Äpfel schälen, vierteln, entkernen und in dünne Scheiben schneiden. Mit Zitronensaft und 2 EL Zimtzucker mischen.

3 Die Eier trennen. Eigelb mit restlichem Zucker und der Hälfte Butter schaumig rühren. Unter den Reis mischen. Eiweiß steif schlagen und unterheben.

4 Restliche Butter zerlassen. Die Form damit ausstreichen und mit Zwieback ausstreuen. Die Hälfte Reis einfüllen, darauf die Äpfel verteilen, mit Reis bedecken. Mit restlicher Butter bestreichen, bei 200° (Umluft 180°) 50 Min. backen. Mit Zimtzucker bestreuen. Dazu schmeckt eine kalte Fruchtsauce.

Apfel-Quark-Auflauf

- Preiswert
- Gelingt leicht

Für 4 Personen:

500 g Magerquark
60 g weiche Butter
120 g Zucker
1 Päckchen Bourbon-Vanillezucker
Salz
1/2 TL unbehandelte, abgeriebene Zitronenschale
3 Eier • 600 g Äpfel
1 Päckchen Vanillepudding
4 EL Grieß
1/2 Päckchen Backpulver
3–4 EL Rosinen
1/8 l Milch

Vorbereitungszeit: 30 Min.
Garzeit: 1 Std.

Pro Portion ca.: 2778 kJ/664 kcal
22 g Ew/ 27 g F/90 g Kh

1 Den Römertopf wässern. Den Quark in einem Sieb abtropfen lassen. 50 g Butter mit Zucker, Vanillezucker, 2 Prisen Salz, Zitronenschale und den Eiern schaumig rühren.

2 Die Äpfel schälen, vierteln, entkernen und in kleine Würfel schneiden.

3 Den abgetropften Quark in einer Schüssel mit der Eiermasse, Vanillepudding, Grieß, Backpulver, Rosinen und Milch gut verrühren. Die Äpfel unterheben.

4 Die Form mit der restlichen Butter ausfetten. Den Apfelquark einfüllen und den Auflauf bei 200° (Umluft 180°) 1 Std. backen.
Dazu schmeckt Vanillesauce.

Süßer Genuß 59

Apple-Pie

- Für Gäste
- Spezialität aus England

Für 4–6 Personen:

| 150 g Mehl • 1/2 TL Salz |
| 80 g kalte Butter |
| 3 EL Schweineschmalz |
| 100 g Rosinen |
| 3 EL Rum nach Belieben |
| 1 unbehandelte Zitrone |
| 1,5 kg Äpfel |
| 5 EL schwarze Johannisbeermarmelade |
| 100 g Zucker |
| 1 Päckchen Vanillinzucker |
| 1/2 TL Zimt |

Vorbereitungszeit: 1 Std.
Garzeit: 1 Std.

Bei 6 Personen pro Portion ca.:
2882 kJ/689 kcal
6 g Ew/21 g F/ 138 g Kh

1 Mehl mit Salz, Butter und Schmalz zu kleinen Bröseln verreiben. Mit 2 EL eiskaltem Wasser zu einem glatten Teig kneten, 30 Min. kühl stellen. Den Römertopf (ohne Deckel) wässern.

2 Rosinen in Rum einweichen. Zitronenschale abreiben, von einer halben Zitrone den Saft auspressen. Äpfel schälen, Kerngehäuse entfernen und in Spalten schneiden. Marmelade mit den weiteren Zutaten verrühren, mit Äpfeln, Rosinen, Schale und Saft mischen und in den Römertopf geben.

3 Aus einem Viertel des Teigs eine lange Rolle formen und entlang des inneren Topfrandes andrücken. Restlichen Teig in Formgröße ausrollen und als Deckel am Teigring festdrücken, zwei kleine Löcher einschneiden. Bei 180° (Umluft 160°) 1 Std. backen. Mit Vanillesauce servieren.

Scheiterhaufen

- Gelingt leicht
- Preiswert

Für 4 Personen:

| 6 säuerliche Äpfel (zum Beispiel Boskop) |
| Saft und Schale 1/2 unbehandelten Zitrone |
| 2 Päckchen Vanillinzucker |
| 6 Brötchen vom Vortag |
| 50 g Butter |
| 60 g Mandelblättchen |
| 50 g Rosinen |
| 4 Eier |
| 1/2 l Milch |
| 80 g Zucker |
| 2 EL Puderzucker |

Vorbereitungszeit: 45 Min.
Garzeit: 55 Min.

Pro Portion ca.: 2899 kJ/693 kcal
17 g Ew/30 g F/95 g Kh

1 Den Römertopf wässern. Äpfel schälen, vierteln und Kerngehäuse entfernen. Äpfel in Spalten schneiden. Mit Zitronensaft und Vanillinzucker mischen. Die Brötchen in Scheiben schneiden.

2 In einem Töpfchen die Butter schmelzen lassen. Die Form mit etwas flüssiger Butter ausstreichen, die Hälfte der Brötchen dachziegelartig einschichten. Äpfel, zwei Drittel der Mandeln und Rosinen darauf verteilen. Mit den restlichen Brötchen bedecken.

3 Eier, Milch, Zitronenschale und Zucker verquirlen. Über die Brötchen gießen, mit der restlichen Butter bestreichen und mit Mandeln bestreuen. Bei 200° (Umluft 180°) 55 Min. backen. Mit Puderzucker bestreuen. Dazu schmeckt Frucht- oder Vanillesauce.

Zwetschgenauflauf

- Braucht etwas Zeit
- Für Gäste

Für 4–6 Personen:

800 g Zwetschgen
2 Päckchen Bourbon-Vanillezucker
3 EL Rum nach Belieben
2 Prisen Zimt
80 g Zucker
1/2 l Milch
Salz
1/2 TL unbehandelte, abgeriebene Zitronenschale
100 g Grieß
5 Eier (Gewichtsklasse S)
40 g weiche Butter
3 EL Semmelbrösel
100 g gehackte Haselnüsse

Vorbereitungszeit: 1 Std.
Garzeit: 1 Std.
Bei 6 Personen pro Portion ca.:
1832 kJ/483 kcal
11 g Ew/18 g F/57 g Kh

1 Die Zwetschgen waschen, aufschneiden und den Stein herauslösen. In eine Schüssel geben, mit Vanillezucker, Rum, Zimt und 2 EL Zucker vermischen. Abgedeckt durchziehen lassen.

2 Die Milch in einem Topf mit 2 Prisen Salz, der Zitronenschale und 3 EL Zucker aufkochen lassen. Langsam den Grieß einrühren und bei kleinster Hitze 5 Min. quellen lassen. Den Topf zur Seite stellen. Den Römertopf wässern.

3 2 Eier trennen, Eiweiß mit 1 TL Zucker steif schlagen.

4 20 g Butter mit einem Holzlöffel unter den Grießbrei rühren. Dann die restlichen Eier und das Eigelb unterrühren. Zum Schluß den Eischnee unterheben.

5 Den Römertopf mit 1 EL Butter ausfetten und mit den Semmelbröseln ausstreuen. Die Hälfte der Grießmasse einfüllen und darauf die Zwetschgen verteilen. Mit den Nüssen bestreuen und den restlichen Grieß darauf verstreichen. Die restliche Butter in kleinen Flöckchen auf den Grieß setzen.

6 Die Form schließen und in den kalten Backofen stellen. Den Auflauf bei 200° (Umluft 180°) 1 Std. backen und frisch aus dem Ofen servieren. Dazu schmeckt steifgeschlagene gesüßte Sahne, mit Zimt fein abgeschmeckt.

VARIANTE

Kirschauflauf
1/8 l Weißwein (ersatzweise Traubensaft) mit 4 EL Zucker, 2 Prisen Zimt und 2 Nelken aufkochen. 500 g reife Süßkirschen entsteinen und in dem Weinsud 1 Std. durchziehen lassen. Dann wie im Rezept beschrieben den Auflauf zubereiten. Der Auflauf schmeckt auch mit Aprikosen oder Birnen.

TIP!

Noch einfacher sind gebackene Zwetschgen, Kirschen oder Aprikosen zubereitet. Gewaschene Früchte entsteinen und in die gewässerte Form legen. Aus 150 g Mehl, 160 g Zucker, 60 g gehackten Mandeln und 125 g Butter große Streusel kneten und über den Früchten verstreuen. Bei 220° 1 Std. backen. Dazu schmeckt geschlagene Zimtsahne.

62 Register

A

Ananas: Sauerkraut mit
Ananas 12
Äpfel
Apfel-Quark-Auflauf 58
Apfelreis 58
Apfelrotkohl (Tip) 52
Apple-Pie 59
Gefüllte Bratäpfel 56
Normannisches Hähn-
chen 34
Sauerkraut mit
Ananas 12
Sauerkrauttopf 15
Scheiterhaufen 59
Süß-saure Wildente 53
Aprikosensauce 55
Auberginen
Bunter Gemüsetopf 6
Römertopf provençal 8

B

Blätterteig: Pute unter
der Haube 38
Blumenkohl: Fisch-
Gemüse-Auflauf 22
Bohnen
Bohnen-Fleischtopf 46
Fischeintopf 22
Bouquet garni (Tip) 32
Bunter Gemüsetopf 6

C

Champignons
Champignon-
hähnchen 32
Fischcurry 28
Gefüllte Kohlrabi 11

Gemüse-Nudel-
Auflauf 17
Hähnchenkeulen mit
Gemüse 18
Pute unter der Haube 38
Rehbraten mit Pilzen 50
Truthahn-Rollbraten
(Variante) 37
Chilischoten
Exotisches Fischfilet 28
Fischcurry 28
Scharfes Knoblauch-
hähnchen 33

E

Ente: Süß-saure Wildente
53
Erbsen: Gemüse-Nudel-
Auflauf 17
Estragon: Saiblinge in
Estragonrahm 27
Exotisches Fischfilet 28

F

Fasan in Portwein 52
Fenchel
Hähnchenkeulen mit
Gemüse 18
Seelachsröllchen 24
Fisch-Gemüse-Auflauf 22
Fisch
Exotisches Fischfilet 28
Sauerkraut-Fisch-
Auflauf 14
Fischcurry 28
Fischeintopf 22
Forellen in Riesling 26
Frühlingszwiebeln
Exotisches Fischfilet 28
Fischcurry 28

Impressum

© 1998 Gräfe und Unzer Verlag GmbH, München.
Alle Rechte vorbehalten. Nachdruck, auch auszugs-
weise, sowie Verbreitung durch Film, Funk und Fern-
sehen, durch fotomechanische Wiedergabe, Tonträger
und Datenverarbeitungssysteme jeglicher Art nur mit
schriftlicher Genehmigung des Verlages.

Redaktion: Christine Wehling
Lektorat: Bettina Bartz
Layout, Typographie und Umschlaggestaltung:
Heinz Kraxenberger
Satz und Herstellung: BuchHaus Robert Gigler GmbH
Produktion: Helmut Giersberg
Fotos: Odette Teubner
Reproduktion: Fotolito Longo, I-Frangart
Druck und Bindung: Kaufmann, Lahr
ISBN 3-7742-1759-9

Auflage	5.	4.	3.	2.	1.
Jahr	02	01	2000	99	98

Gudrun Ruschitzka
in Sachsen geboren, begann mit einem Facharbeiter-
brief als Köchin ihre berufliche Laufbahn. Die Biblio-
thekarschule in Leipzig und mehrere Semester Kunst-
geschichte vertieften die Interessen an Büchern, an
Kultur, an Lebensart. Seit 25 Jahren lebt sie in München, arbeitete bei einem international renommierten
Partyservice und hat bereits an vielen GU-Koch-
büchern mitgewirkt.

Odette Teubner
wuchs bereits zwischen Kameras, Scheinwerfern und
Versuchsküche auf. Ausgebildet wurde sie durch ihren
Vater, den international bekannten Food-Fotografen
Christian Teubner. Nach einem kurzen Ausflug in die
Modefotografie kehrte sie in die Foodbranche zurück
und hat seitdem das seltene Glück, Beruf und Hobby
zu vereinen. Odette Teubner liebt die tägliche Heraus-
forderung, die Frische und Natürlichkeit der Lebensmittel optimal in Szene zu setzen.

G

Garnelen: Seelachsröll-
chen 24
Gefüllte Bratäpfel 56
Gefüllte Kohlrabi 11
Gefüllte Paprikaschoten 10
Gefüllte Putenröllchen 36
Gemüse-Fleisch-Auflauf 7
Gemüse-Nudel-Auflauf 17
Geschmorte Kalbshaxen 45
Grieß: Zwetschgen-
auflauf 60

H

Hackfleisch
Pikanter Hackbraten 40
Rahm-Krautwickerl 40
Rosenkohlauflauf 16
Hähnchen
Champignon-
hähnchen 32
Hähnchenkeulen mit
Gemüse 18
Normannisches
Hähnchen 34
Scharfes Knoblauch-
hähnchen 33
Himbeersauce 55

K

Kalbfleisch: Geschmorte
Kalbshaxen 45
Kaninchen in Rotwein 48
Kartoffeln
Fisch-Gemüse-Auflauf 22
Fischeintopf 22
Gemüse-Fleisch-
Auflauf 7

Sauerkrauttopf 15
Scharfes Knoblauch-
hähnchen 33
Truthahn-Rollbraten 36
Würzige Pellkartoffeln
mit Kräuterquark 19
Käse
Fisch-Gemüse-Auflauf 22
Gemüse-Nudel-
Auflauf 17
Kirschen
Kirschauflauf
(Variante) 60
Quarkauflauf mit
Sauerkirschen 57
Knoblauch: Scharfes
Knoblauchhähnchen 33
Knollensellerie: Exotisches
Fischfilet 28
Kohlrabi: Gefüllte Kohl-
rabi 11
Kokosreis (Tip) 29

L

Lammfleisch
Gefüllte Paprika-
schoten 10
Lammkeule 42
Lammragout 47
Römertopf provençal 8
Lauch
Gemüse-Fleisch-
Auflauf 7
Saiblinge in Estragon-
rahm 27
Seelachsröllchen 24

M

Meerrettichsauce (Tip) 26
Möhren
Bunter Gemüsetopf 6
Fisch-Gemüse-Auflauf 22
Fischeintopf 22
Gemüse-Fleisch-
Auflauf 7
Hähnchenkeulen mit
Gemüse 18
Römertopf provençal 8
Seelachsröllchen 24
Truthahn-Rollbraten 36

N

Normannisches
Hähnchen 34
Nudeln: Gemüse-Nudel-
Auflauf 17
Nüsse: Zwetschgen-
auflauf 60

O

Oliven: Scharfes Knob-
lauchhähnchen 33
Orangen: Normannisches
Hähnchen 34

P

Paprikaschoten
Bunter Gemüsetopf 6
Gefüllte Paprika-
schoten 10
Hähnchenkeulen mit
Gemüse 18
Pikanter Hackbraten 40

Petersilienwurzeln:
Hähnchenkeulen mit
Gemüse 18
Pfifferlinge: Rehbraten
mit Pilzen 50
Pikanter Hackbraten 40
Putenfleisch
Gefüllte Puten-
röllchen 36
Pute unter der Haube 38
Truthahn-Rollbraten 36

Q

Quark
Apfel-Quark-Auflauf 58
Quarkauflauf mit
Sauerkirschen 57
Würzige Pellkartoffeln
mit Kräuterquark 19

R

Rahm-Krautwickerl 40
Rehbraten mit Pilzen 50
Reis
Apfelreis 58
Gefüllte Paprika-
schoten 10
Kokosreis (Tip) 29
Rosmarinrisotto (Tip) 34
Rindfleisch: Bohnen-
Fleischtopf 46
Römertopf provençal 8
Rosenkohlauflauf 16
Rosinen: Apple-Pie 59
Rosmarinrisotto (Tip) 34
Rotkohl: Apfelrotkohl
(Tip) 52

64 Rezept- und Sachregister

S

Saiblinge in Estragon-
rahm 27
Sauerkraut
Sauerkraut mit
Ananas 12
Sauerkraut-Fisch-
Auflauf 14
Sauerkrautsuppe 14
Sauerkrauttopf 15
Szegediner Gulasch 15
Schafkäse
Gefüllte Paprika-
schoten 10
Gefüllte Puten-
röllchen 36
Schalotten
Champignon-
hähnchen 32
Kaninchen in Rotwein 48
Normannisches
Hähnchen 34
Süß-saure Wildente 53
Scharfes Knoblauch-
hähnchen 33
Scheiterhaufen 59
Schinken: Gefüllte
Kohlrabi 11
Schweinebraten in
Biersauce (Variante) 44
Schweinebraten mit
Kruste 44
Schweinefleisch
Bohnen-Fleischtopf 46
Gemüse-Fleisch-
Auflauf 7
Sauerkrauttopf 15
Szegediner Gulasch 15
Seelachsröllchen 24
Sprossen: Seelachs-
röllchen 24

Staudensellerie
Bunter Gemüsetopf 6
Hähnchenkeulen mit
Gemüse 18
Truthahn-Rollbraten 36
Süß-saure Wildente 53
Szegediner Gulasch 15

T

Tomaten
Fischeintopf 22
Gefüllte Puten-
röllchen 36
Gemüse-Fleisch-
Auflauf 7
Römertopf provençal 8
Scharfes Knoblauch-
hähnchen 33
Tomatensauce (Tip) 17
Trauben: Pute unter der
Haube 38
Truthahn-Rollbraten 36

V

Vanillesauce 55

W

Weißkohl: Rahm-
Krautwickerl 40
Wildschweinragout 50
Wirsing: Gemüse-Fleisch-
Auflauf 7
Würzige Pellkartoffeln
mit Kräuterquark 19

Z

Zitronengras: Exotisches
Fischfilet 28
Zucchini
Bunter Gemüsetopf 6
Gemüse-Nudel-
Auflauf 17
Römertopf provençal 8
Zwetschgenauflauf 60
Zwiebeln
Römertopf provençal 8
Truthahn-Rollbraten 36

GASHERD-TEMPERATUREN

Die Temperaturstufen
bei Gasherden variieren
von Hersteller zu Her-
steller. Welche Stufe
Ihres Herdes der jeweils
angegebenen Tempe-
ratur entspricht, ent-
nehmen Sie bitte der
Gebrauchsanweisung.

ABKÜRZUNGEN

TL = Teelöffel
EL = Eßlöffel
Msp. = Messerspitze

kJ = Kilojoules
kcal = Kilokalorien
EW = Eiweiß
F = Fett
KH = Kohlenhydrate